AUTISMO
não espere, aja logo!

Depoimento de um Pai
sobre os Sinais de Autismo

Paiva Junior

AUTISMO
não espere, aja logo!

Depoimento de um Pai
sobre os Sinais de Autismo

𝓂.Books

M.Books do Brasil Editora Ltda.

Rua Jorge Americano, 61 - Alto da Lapa
05083-130 - São Paulo - SP - Telefones: (11) 3645-0409/(11) 3645-0410
Fax: (11) 3832-0335 - e-mail: vendas@mbooks.com.br
www.mbooks.com.br

Dados de Catalogação da Publicação

Francisco de Paiva e Silva Junior – AUTISMO – Não Espere, Aja Logo – Depoimento de um pai sobre os sinais de autismo
2012 – São Paulo – M.Books do Brasil Editora Ltda.

1. Autismo   2. Psicologia   3. Psicoterapia

ISBN 978-85-7680-169-6

© 2012 M.Books do Brasil Editora Ltda. Todos os direitos reservados. Proibida a reprodução total ou parcial. Os infratores serão punidos na forma da lei.

Editor
Milton Mira de Assumpção Filho

Produção Editorial
Beatriz Simões Araújo

Coordenação Gráfica
Silas Camargo

Editoração e Capa
Crontec

2012
Proibida a reprodução total ou parcial.
Os infratores serão punidos na forma da lei.
Direitos exclusivos cedidos à
M.Books do Brasil Editora Ltda.

Índice

Dedicatória 7
Agradecimentos 9
Prefácio 11
Introdução 15
   "Normal" 16
1. Sutis sinais 19
   Nossa história 20
2. A saída para o parto 23
   Segunda chance 25
   Capítulo 2,5 26
3. O milagre da vida 29
   Terceira tentativa 30
   Superdose de emoção 32
4. Do sentar ao andar 35
5. Troque o pneu já 39
   Capítulo 5,5 41
6. Tão perto, tão longe 45
7. Olhos nos olhos 47
   Capítulo 7,5 49

8. O valor de um abraço 51
9. Faz, faz, faz e faz de novo 53
10. Imitar é aprender 57
    Capítulo 10,5 59
11. Faz de conta que não faz 63
12. Agir, amar e não julgar 67
    Preconceito 68
13. Regredir, pior que não progredir 71
    Negação 75
    Capítulo 13,5 76
14. Criança gosta de criança 79
15. Tecnologia para o bem 81
16. Relatos de alerta 85
17. Alan: tratamento, aceitação e fé 89
18. Ugo: sem H, mas com amor 93
19. Tiago: aceitação e autismo 97
20. Igor: Brasil e EUA 99
21. Samuel: autista filho de autista 103
22. Michel: o sonho da Esmeralda 109
23. Otávio e Olívia: gêmeos 113
24. Menos luto e mais luta 117
25. Opções e mais opções 121
    Capítulo 25,5 122
    Faça a diferença 125
26. Tenha fé, acredite 127
Posfácio 131
    QR-Code 131

Dedicatória

Ao meu filho,
Giovani.

Agradecimentos

Ao neuropediatra **José Salomão Schwartzman**, que escreveu um belo prefácio, além de ter lido este livro antes que eu pensasse em publicá-lo, para que, a meu pedido, não deixasse que eu "cometesse" qualquer desserviço à sociedade.

Aos meus pais, sogros, família e amigos, que, cheios de compreensão, puderam nos dar força e incentivo para jamais desistir.

Ao amigo e "irmão" **Flávio**, que teve a coragem de me dar o difícil alerta a respeito do autismo do meu filho.

E a todos os **pais e mães** que me enviaram suas histórias e seus relatos para enriquecer este livro. A vocês, meu agradecimento por participarem deste projeto e contribuírem para esse alerta. Já valerá a pena se servir para que apenas uma criança com autismo seja encaminhada para um caminho de pré-diagnóstico e intervenções mais precoces. Que Deus retribua esse bem a vocês, pais, e a seus filhos.

Por último, porém, mais importante, à minha esposa, **Célia**, que ao meu lado construiu esta história, vivendo-a.

Prefácio

O convite do Paiva Junior para prefaciar seu livro deixou-me honrado. É como se ele me confiasse um segundo filho, uma vez que já demonstrou confiança ao permitir que eu fizesse parte do mundo do Giovani.
Conhecemos-nos, eu, Giovani e seus pais em uma consulta médica. A criança me foi trazida em função da presença de alguns comportamentos que poderiam ser considerados atípicos para a idade cronológica.

O momento em que o médico necessita informar aos pais que seu filho tem um Transtorno do Espectro do Autismo ou mesmo uma suspeita nesse sentido é extremamente delicado para todos os envolvidos. Mesmo quando os pais suspeitam de tal condição, o que gostariam de ouvir é que suas suspeitas são infundadas.

Pais reagem de forma diversa frente a esta situação. Todos, obviamente, demonstram sua preocupação, tristeza e eventualmente pessimismo, levando em conta o que já conhecem a respeito. Alguns, mesmo após os momentos iniciais de luto, continuam sua busca por outras opiniões esperando ouvir, de alguém, que o diagnóstico está equivocado ou que, ao contrário do que lhes disseram, o autismo tem, sim, cura.

O casal Paiva optou por um caminho diverso. Uma vez aventada a hipótese, mesmo sem uma confirmação absoluta do diagnóstico (pela idade do Giovani), fez o melhor: iniciar, de imediato, o tratamento.

Mais do que a decisão de tratar seu filho da forma que atualmente parece ser a mais promissora, decidiu encampar um projeto que pudesse disseminar conhecimentos a respeito desses transtornos. É um divulgador e lutador em prol de difundir e ampliar os conhecimentos sobre o autismo, tornando-os acessíveis a todos.

Atua como jornalista na *Revista Autismo* e, agora, com a publicação de seu livro, como autor do testemunho de um pai que tenta ajudar não somente seu filho, mas também outras pessoas que passam a compartilhar suas experiências.

Esta obra vem em um momento muito oportuno em que tentamos difundir a necessidade de que essas crianças sejam identificadas o mais cedo possível. Todas as evidências apontam para o fato de que as crianças que tiveram um diagnóstico mais precoce e puderam seguir tratamentos adequados são as que apresentam o melhor desenlace. Claro que alguns casos, extremamente severos, apesar de convenientemente tratados, não demonstrarão as melhoras que poderiam ser esperadas, mas, mesmo assim, seguramente estarão melhores do que estariam sem os referidos tratamentos.

A frequência estimada dos Transtornos Globais do Desenvolvimento (TGD) é de uma criança afetada para cada 160 vivas. Este número já aponta que estamos diante de um problema de enormes dimensões de saúde pública. Não se trata mais, como se acreditava anteriormente, de uma condição rara, de origem desconhecida e de prognóstico reservado.

Há alguns anos, frente a uma criança com 3 anos ou menos, na qual a presença de comportamentos atípicos pudesse levantar a suspeita de autismo, a conduta era a de informar aos pais que não se faz diagnóstico nesta idade e que aguardassem até os 5 anos para que uma estratégia pudesse ser traçada.

A conduta hoje, mesmo em bebês de meses de idade, é, frente à suspeita deste diagnóstico, iniciar imediatamente um protocolo de diagnósticos diferenciais (deficiência auditiva, deficiência intelectual, paralisia cerebral etc.), e caso persista a mais remota possibilidade de se tratar de um TGD, orientar a família para iniciar imediatamente o tratamento com profissionais competentes.

Se este livro do Paiva Junior servir para alertar, ainda que para apenas um casal, da possível presença de um TGD e da necessidade de iniciar imediatamente um trabalho de diagnóstico, seu esforço já terá valido a pena.

Parabéns ao Giovani, verdadeiro "autor" desta obra.

José Salomão Schwartzman
Médico neuropediatra, doutor em Neurologia

Introdução

Seu bebê tem medo de liquidificador? Parece uma pergunta absurda, e é. Tanto que me causou espanto quando um dos mais renomados neuropediatras do Brasil me fez esta indagação.

Meu filho era "normal" até alguns dias antes daquela consulta. "Normal" para mim e minha esposa, que não vimos os sinais sutis do autismo, ou melhor, do "espectro do autismo", como se deve dizer. E não tome o "normal" como pejorativo, só quero dizer que algo no desenvolvimento dele estava errado, diferente, incomum.

Até aquele momento, ele se encaixava no estereótipo de "bebê perfeito". Perfeito até demais, pois era muito calmo, não chorava à toa, não se incomodava com a fralda molhada ou suja – a menos que assasse –, nem pedia para mamar ou comer, além de ficar por horas brincando sozinho, folheando um livro ou vendo televisão. Perfeito.

Ao perceber que "alguma coisa errada não estava certa" – como costumo dizer, brincando com as palavras –, passei a pesquisar sobre esses comportamentos incomuns e entendi que alguns sutis e simples sinais podem ajudar muito no diagnóstico precoce de autismo e de outros transtornos globais do desenvolvimento (TGD) – também chamados transtornos invasivos do desenvolvimento (TID), ambos traduções do inglês para *Pervasive Developmental Disorders* (PDD) –, aliás, há um material virtual extra neste livro, cuja ligação on-line está na figura no final do capítulo, que é um código bidimensional, chamado QR-Code, que pode ser decodificado por celulares com câmera. Leia mais sobre isso no **Posfácio**.

Para muitos, o autismo também é chamado de transtorno do espectro do autismo (TEA), ou transtorno autístico do comportamento, e remete à imagem dos casos mais graves e detectáveis. O tipo de criança que em um primeiro olhar facilmente conclui-se que há "algo errado".

Não é a esse tipo de caso que me refiro.

Meu assunto é exatamente o contrário: crianças e bebês que aparentemente são 100% "normais", "perfeitos", dos quais, até certa idade, é quase impossível dizer que possa haver qualquer problema com seu desenvolvimento. Muito menos usar uma palavra tão forte como "autismo" – pelo menos forte para quem ainda não entrou nesse mundo.

"Normal"

Para ser politicamente correto, e seguir as recomendações atuais convencionadas, vou parar de usar o termo "normal" e substituí-lo por "típico" – o que é, inclusive, tecnicamente mais correto. Direi então a expressão "bebês com desenvolvimento típico", ou simplesmente "típico", para referir-me ao que chamava antes de "bebês normais".

Eu jamais havia imaginado que alguma síndrome poderia ter como uma das suas maiores características para diagnóstico o fato de a pessoa não olhar nos olhos – principalmente nos olhos daquelas de menor convívio. Nunca tinha pensado nisso.

Não me esqueço também do que eu disse naquela mesma consulta ao saber que havia "algo errado" com meu filho: "Não importa o nome do problema que ele tem, doutor. Como podemos ajudá-lo?" – e isso foi determinante nos passos seguintes, pois aceitar e procurar ajudar são o caminho mais curto para o progresso e a evolução de qualquer criança, com qualquer problema.

Escrevi este livro como leigo que sou, sem qualquer autoridade médica, ou sequer da área de saúde ou biológica, apenas na boa intenção de ajudar pais (e quem sabe até profissionais que lidam com **bebês** e crianças) a detectarem o quanto antes alguns sutis sinais do espectro do autismo e para que procurem ajuda médica o quanto antes, pois os resultados são proporcionais a essa precocidade no diagnóstico. Ou seja, quanto mais cedo se inicia o tratamento, mais resultados positivos se têm. É um alerta de leigo para leigos, de pai para pais.

Espero estar lhe ajudando.

Qr-code – Site do livro
http://LivroAutismo.PaivaJunior.com.br

1
Sutis sinais

Não quero aqui, jamais, dar a entender que lendo este livro você estará apto a diagnosticar autismo em bebês ou crianças de um modo geral. Muito longe disso. A intenção é somente emitir um alerta aos que têm contato com bebês e crianças para alguns sinais – muitas vezes quase imperceptíveis sob olhares menos experientes – de situações em que se pede uma consulta, no mínimo, a um pediatra, senão a um especialista em neurologia infantil. Além disso, gostaria de passar-lhe minha pequenina experiência com o autismo, na esperança de acrescentar-lhe ao menos algo minúsculo, mas positivo. Só isso.

Quando o caso é grave de autismo, não é preciso ser nenhum *expert* para perceber. O autismo, porém, tem vários níveis e faz parte de um grupo de transtornos caracterizados pelo atraso no desenvolvimento de funções importantes, incluindo a comunicação, a socialização e o comportamento, chamado de transtorno global do desenvolvimento (TGD), dos quais a medicina sabe muito pouco ainda.

Principalmente se o caso é de autismo leve ou, melhor, de suspeita de autismo leve ou de algum outro TGD, os sinais são muito sutis. Aí vem a necessidade de estarmos atentos a esses "avisos" para perceber o mais rápido possível e começar logo algum tipo de intervenção – ou em linguagem mais direta e coloquial –, algum tipo de ação.

Com nenhuma experiência com crianças, fui alertado pelo padrinho de batismo do nosso bebê. Foi quando fiquei totalmente sem chão, naquela tarde de 26 de março de 2009. Nesse mesmo dia, uma quinta-feira, comecei a pesquisar sobre o assunto e, sozinho, varei a madrugada em busca de informação.

Minha experiência é minúscula sim, mas se puder ser útil a alguém, fico feliz.

Nossa história

Impossível discorrer sobre este assunto sem antes contar minha história, ou melhor, a história de minha família: eu, minha esposa, Célia, e nosso bebê, Giovani.

Foi uma gravidez desejada, aliás, a segunda, pois aproximadamente seis meses antes, perdemos nosso primeiro bebê por aborto natural, com nove semanas de gestação. Então, todo cuidado era pouco na gravidez. O Giovani já era especial desde então.

Foi tudo normal. Gravidez normal. Sem problemas. Todos os exames de ultrassonografia mostravam um bebê perfeito. Aliás, os exames de ultrassom causavam, sem dúvida, certa apreensão. Tudo que se quer ouvir nesse momento é que seu filho é perfeito. Ouvimos isso até o fim, o que nos deixou sempre muito felizes e contentes.

Hoje, esse conceito de perfeição para nós é questionável: primeiro porque não dá para saber tudo em um ultrassom, ao contrário do que pensávamos; segundo porque precisamos indagar: o que é ser perfeito? Há alguém perfeito? Seria correto usar essa palavra? Penso hoje que talvez não.

Toda aquela tranquilidade que os exames nos passavam, depois de sabermos que nosso filho poderia ter autismo, foi por água abaixo. Conto sobre esse golpe que sofremos nos capítulos seguintes.

Ainda sobre a gravidez, foi impossível não pensar na possibilidade de se ter um filho especial, com alguma deficiência – ou o que seria mais correto dizer: alguma necessidade especial. Qualquer pai responsável pensa nisso. E também acredito haver pouquíssima gente nesse planeta que se considere preparado para tal missão: a de ser pai ou mãe de um filho com necessidades especiais, sejam elas quais forem.

Penso que talvez a perda de nosso primeiro bebê já foi o início dessa preparação. Se quiséssemos o Giovani, teríamos de querer muito, pois o caminho começou tortuoso, com pedras. Mas o quisemos e ele foi muito desejado. O útero encheu-se de amor antes de recebê-lo.

E o quisemos tanto que, se fosse para voltar no tempo, passaríamos tudo novamente, do mesmo jeito, com todas as etapas sem pôr nem tirar nada. O mesmo Giovani, a mesma gravidez, o mesmo parto. Ah!, o parto.

QR-Code – Vídeo: Autismo em Bebês
http://LivroAutismo01.PaivaJunior.com.br

2

A saída para o parto

Passadas as 38 semanas da gestação, veio um dia diferente naquele ano de 2007. O parto estava marcado para segunda-feira, dia 23 de abril. O apressadinho, porém, preferiu nos pegar de surpresa. Talvez para ser mais emocionante. Foi um parto tranquilo, uma cesariana perfeita, com um bebê perfeito. Estou narrando esse fato para você perceber que nunca houve nada de "diferente" nem na gravidez, nem no parto. Foi assim:

Na quinta-feira, dia 19 de abril de 2007, estávamos todos tranquilos. Percebi a Célia diferente dos outros dias da gravidez. Por volta das 21h30, veio a primeira reclamação: "Está doendo no pé da barriga". Imediatamente ela foi ao banheiro – a urina de número 744 daquele dia – e saiu assustada. "Sangrou", disse ela com cara de quem viu fantasma, ou melhor, com cara de quem já havia perdido um bebê há 15 meses e meio após essa mesma constatação de sangramento. Ela ligou para o médico. Ouvi apenas um lado da conversa, mas deduzia o outro. "Está bom, então vou marcar o tempo direitinho e te ligo para avisar... Muito obrigada e me desculpe pelo horário... Está bom, obrigada", desligou e veio contar-me: "O endurecimento da barriga e a dor são contrações, ele pediu para contarmos o período e duração".

Com 40 minutos de marca, desmarca, inicia cronômetro, para, volta, tenta de novo, eu já tinha certeza de que estava na hora: as contrações duravam, 50 segundos e vinham em intervalos de 5 minutos.

Ai que medo. Meu filho ia nascer e eu não estava preparado. Ninguém está, por mais que tenha sido desejado, planejado, amado mesmo antes de ter sido concebido. Por mais que o útero da Célia tenha se enchido de amor antes de abrigar aquele bebê, acho que nunca estamos prontos, pois a preparação que falta vem no momento do nascimento – é o toque final do milagre da vida.

O médico confirmou: "Vá para o hospital, nos vemos lá". Enquanto minha esposa se maquiava – isso mesmo, maquiar-se para ter nenê –, se trocava, e fazia o xixi de número 749 (sim, eu deixei de narrar alguns xixis para a história ficar mais "enxuta"), eram 23h10 e essa seria a última vez que eu olharia no relógio nas próximas três horas.

Depois de chegar ao hospital e assinar internação, buscar as malas (a dela e a do bebê), deparar-me com uma plateia de familiares na recepção, meu pensamento era confuso, tumultuado e, apesar de um medo e uma insegurança me invadir, eu parecia ter uma redoma de calma e tranquilidade mais fortes que tudo. Minha fé também me ajudava, como sempre.

"Vai ser agora mesmo, será cesárea", confirmou o médico. Uma atendente me levou ao centro cirúrgico. Então foi quando caí na real que assistiria ao parto. Uma semana atrás, não havia nem hipótese de assistir. Mudei de ideia após incansáveis argumentos do meu primo e do médico dela na consulta de um dia e meio atrás, a última do pré--natal. Agora estava frente a essa realidade, querendo assistir, mas com medo de passar mal e de, em vez de participar, atrapalhar. Mas era tarde para desistir – e eu não queria desistir.

Naquele instante eu precisava do máximo de apoio dos amigos e apoio espiritual. Liguei para outro amigo, Epifânio, um padre. O alô manso, bem baixinho, com que me atendeu denunciou que eu o havia acordado. Também devia ser meia-noite. "Desculpe-me por ligar nesse horário, mas você me pediu para eu avisar quando a Célia fosse ganhar nenê e estamos no hospital agora. O parto é agora. Reze por nós", pedi. Ele prontamente atendeu e logo respondeu afirmativamente, com voz de quem havia despertado com a notícia fatídica: "Claro, filho, estarei rezando desde já", respondeu com a segurança de sua fé.

Chegando à antessala do centro cirúrgico, enquanto vestia a roupa do hospital, estava inseguro, confuso, tenso, apreensivo, ansioso, enfim, um tumulto de sentimentos que se colidiam dentro de mim.

"O pai pode vir", chamou uma enfermeira. "É agora", pensei, como já havia pensado outras 18 vezes nos últimos 100 minutos. Já passava da meia-noite, havia apenas o médico dela, um anestesista e uma enfermeira para ajudar. E a pediatra preparada para "roubar" o bebê assim que nascesse. Sentei-me em um banquinho ao lado da maca onde a Célia estava, para que eu ficasse junto a ela e pudéssemos conversar. Ainda estava maquiada, tendo bebê de batom e tudo. Só a Célia mesmo! Tirei a primeira foto do parto nesse momento – precisava registrá-la linda, a "cesárea maquiada". Estávamos apreensivos, mas muito felizes. Era o nosso momento. O mais importante desses 11 anos e 9 meses juntos, entre namoro e casamento. "Nove meses" foi uma ironia do destino para fazer referência à gravidez. Onze anos e nove meses, desde 15 de julho de 1995.

Segunda chance

Naquele momento passou um filme em minha mente. Um filme de minha vida, de nosso namoro, casamento, do filho que perdemos pelo aborto natural em 6 de janeiro do ano anterior, no mesmo dia e horário em que um amigo nosso sofria um grave acidente, mas todos nós tivemos uma segunda chance. Meu amigo se recuperou e dava a volta por cima após vários dias em coma em uma UTI. E nós engravidamos novamente e estávamos ali, prestes a concretizar nossa segunda chance de, finalmente, formarmos uma família completa: pai, mãe e filho. A célula da sociedade. Para esse amigo, eu ligaria no dia seguinte, de manhã, para comemorar nossas segundas chances.

Capítulo 2,5

Permita-me interromper este parto.

Juro que é rápido.

Escrevi este livro em dois momentos bem distintos. Quase 80% dele escrevi pouco tempo depois do diagnóstico (ou suspeita) de autismo do meu filho. Talvez até transmita, em alguns momentos, uma imagem de não aceitação ou de questionamento sobre essa tão nova situação que vivi. Muitos desses relatos referem-se principalmente à madrugada em que, pela primeira vez, eu pesquisara sobre autismo.

Passado mais tempo, mais de dois anos após esse divisor de águas, complemento este livro com textos de um pai mais experiente em relação à aceitação e ao dia a dia de uma família especial.

Por isso você lerá certas "interrupções" no texto, que - para diferenciar estarão em letras itálicas, como estas - trarão uma visão mais atual e com alguma experiência maior, ainda que eu reconheça que estou "engatinhando" ainda, pois encontrei (encontro e encontrarei) gente com mais experiência e conhecimento absurdamente maior. Lógico!

Entenda bem. A ideia não é guiar ninguém. Muito menos dizer que sei mais que qualquer um. Longe disso!

Só quero compartilhar algumas experiências para explicar minhas reações. E, caso seja possível, encurtar seu caminho em momentos difíceis que podem estar acontecendo ou ainda por vir.

Outra importante informação, que aproveito para esclarecer, é que os sintomas ou características apresentados neste livro não são o que uma criança PRECISA apresentar para haver uma suspeita de autismo. Eu, se tivesse um filho que apresentasse apenas UMA dessas características, o levaria para a avaliação de mais de um neuropediatra ou psiquiatra da infância. Suspeitar é o que basta para procurar uma avaliação de especialista. E caso se comece um tratamento de autismo com estimulações para o desenvolvimento e meses depois se descubra que não era autismo, isso não terá feito mal. Porém, suspeitar e demorar a tratar pode fazer a diferença no futuro da sua criança, por isso, se tiver dúvida, não hesite em procurar um profissional.

O espectro do autismo é tão grande que uma criança pode ser autista ainda que olhe nos olhos, fale e sorria em resposta a seu olhar. A ausência de qualquer dos sintomas apresentados aqui não exclui a possibilidade de uma criança estar no espectro do autismo. O autismo se apresenta de formas variadas e únicas em cada indivíduo. Cada um é cada um, principalmente quando se trata deste completo Transtorno do Espectro do Autismo.

A única característica que é igual em todos os autistas é haver um comprometimento (de qualquer nível) da tríade: comunicação, socialização e comportamento.

Voltemos ao parto.

3

O milagre da vida

No centro cirúrgico, todos estavam descontraídos, conversando, fazendo brincadeiras, um ambiente muito bom por vários minutos. Em um certo momento, todos ficaram calados e o anestesista cutucou o ombro da Célia e avisou: "Agora vai nascer", alertando-a. Preparei a máquina para as fotos e a emoção chegou ao seu máximo.

Notei tensão no semblante do médico, além de muita, muita concentração. Levantei-me para ver melhor. Ele colocou a mão direita dentro da barriga e ficou mexendo lá dentro, como que ajeitando o bebê para retirá-lo e tirou a mão... Vazia. Sim, não tirou nada de lá de dentro. Fui do céu ao inferno naquele minuto. Aquele silêncio estava me ensurdecendo.

O médico mudou de posição, mais próximo do corte. E colocou a mão lá dentro de novo E fazia novamente vários movimentos. O semblante mais tenso era o dele, porque o meu devia ser de terror. Estava em pé e a Célia não podia ver meu rosto. Tinha a liberdade de me expressar sem problema naquele momento. Não precisava transmitir segurança, nem calma, nem tranquilidade a ninguém. E o médico também não tinha mais esse compromisso. Estávamos todos com os sentimentos aflorados e sem máscaras. Nus de coração. Transparentes de expressão.

Tentei me tranquilizar novamente. Mas com uns 20 segundos de mexidas e expressões de dificuldade e força, bastaram para eu me preocupar novamente. E como um bisturi que corta o útero, uma frase do anestesista rompeu todo aquele silêncio ensurdecedor que havia tomado conta da sala de cirurgia: "Está difícil de tirar?", perguntou ele ao médico. "Sim, está grudado lá em baixo", respondeu ele tirando a mão vazia novamente da barriga. E respondeu sério. E, pior, não disse mais nada. Silêncio novamente.

Nunca havia estado tão tenso, tão amedrontado. Nessas horas passa tanta besteira na mente da gente... Pensei que poderia estar algo errado e perderia nosso Giovani. Ou podia estar algo tão errado que perderia minha esposa. Ou, pior, perderia os dois. Senti-me tão impotente, incapaz de fazer qualquer coisa para ajudar. Era só um espectador ali. Mas ainda bem que essas besteiras duram dois segundos. Pelo menos comigo é assim. O pavor, o pânico, o medo me invadem, tomam conta de mim, mas quando percebo isso, tiro forças para virar o jogo. Penso em Deus, tenho fé, lembro-me das tantas vezes que Ele me atendeu. Penso que toda aquela impotência, tão humana, toda aquela fragilidade, que estava sentindo, aquela sensação de não poder fazer nada, poderia ser revertida. Pior que estar em pânico e nem ao menos poder se manifestar, ou deixar transparecer, é adicionar a isso o fato de estar "de mão atadas". E se não dá para agir com "as mãos" não me restava mais nada além do pensamento. "Meu Deus, me ajude agora. Nunca precisei tanto de Ti", pedi. Minha esposa e meu filho estavam em risco. Tudo isso deve ter acontecido em menos de 10 segundos. Enquanto isso, o médico se posicionava para tentar novamente. Ficou com uma das pernas apoiada sei lá onde. Ou na maca ou em um banquinho, algo que o deixou quase em cima da barriga da Célia. Percebi que era uma posição para o "agora ou nunca".

Terceira tentativa

Sua mão estava lá dentro da barriga novamente. Agora sim ele fazia esforço, caretas, força, mexia muito e aqueles segundos foram eternos para mim. Que angústia, que agonia, que tensão...

Silêncio. Torcida. Pensamento positivo. Expectativa. Tensão. Tensão. Muita tensão. Atenção. Concentração. Fé. Respiração. Insegurança. Incerteza. Medo. Impotência. Vontade de ajudar. Perguntar. Falar. Gritar... O tempo parece que tinha se esquecido de ir para a frente.

Acho que foram mais uns 30 segundos de mexidas, e força. Achei que o médico fosse entrar na barriga dela. Ele transpirava. Ela, quieta, não imaginava o que estava acontecendo. Eu, preocupadíssimo, imaginava até demais. Quando um som rompeu novamente o silêncio. Um som de algo que descolava. Imediatamente após o som, o médico comemorou: "Descolou" – e sua expressão mudou radicalmente: melhor e tranquila. Sem que houvesse tempo para eu expressar qualquer reação e ter certeza de que o pior momento já teria passado, ele tirou a mão de dentro da barriga, mas, dessa vez, com um bebê sendo tirado pela cabeça. Ele ficou metade dentro, metade fora da barriga, quando o médico começou a desenrolar o cordão umbilical de seu pescocinho e contou: "Uma volta. Duas voltas!" – sim, o Giovani estava com duas voltas de cordão enrolado em seu pescoço. Imagino o alívio dele – e você também pode imaginar o meu – quando o médico o desenrolou. Entre a primeira e a segunda volta de desenrolar do cordão, lembrei-me que estava lá não só para assistir, mas também para fotografar o parto. Afinal, a Célia também precisava ver essa cena depois. E acionei a câmera, disparando quatro cliques sequenciais, captando toda a cena do desenrolar, que não durou mais que dois segundos. Cliquei, por último, ele cortando o cordão umbilical. Mãe e filho estavam separados fisicamente. Eu era pai. Éramos, agora, uma família completa. Ou pelo menos começávamos a ser.

Eu estava no céu, e se tinha ido, alguns minutos atrás até o inferno, neste momento era o contrário. O milagre da vida completava-se na minha frente. Meu filho nasceu. O Giovani veio ao mundo. Aquele ser tão pequenino, tão frágil, era meu filho. A angústia havia ido para o espaço. Não passei mal, não desmaiei. Nem deu tempo. Sofri, sofri muito, intensamente, mas rapidamente, pouquíssimo tempo. Minha fé estava certa.

O Giovani era lindo. Mesmo sem ver seu rosto com detalhes, ainda sujo, era lindo. Era lindo por tudo que significava, por tê-lo amado mesmo antes de ser concebido, pelo útero da Célia ter se enchido de amor antes de recebê-lo, por ter sido tão desejado, planejado e abençoado. Agradeci ao vê-lo ali, peladinho, sujinho e dando sua primeira resmungada. É, ele não chorou ao nascer. Resmungou. Um resmungão como se dissesse: "Quem teve a ideia de me tirar daqui de dentro?".

Imediatamente a pediatra levou o garoto e eu voltei minha atenção para a Célia. E lhe disse que nosso filho era lindo. Ela, antes que eu terminasse a frase, me perguntou: "Ele é perfeito, Junior?". "Sim, é perfeito", respondi ainda meio abobado. "Tem cabelo?", perguntou ela. "Tem sim, tem cabelo", respondi rindo, achando graça dessa preocupação em um momento com tanta coisa mais importante. Mas a emoção deixa a gente assim mesmo, "fora do ar". Ouvimos o choro do Giovani na sala ao lado. Um berreiro danado. Achamos graça daquele choro.

Fui até o bebê. A primeira coisa que a pediatra me disse foi que ele era perfeito e que não tinha nenhum problema. E me passou a explicar alguns procedimentos. Examinou o abdome do garoto, o movimento dos braços e pernas, parecia que ia quebrar meu filho ao meio. Pesou. E confirmou novamente: "Está tudo ótimo com seu filho", tranquilizando-me. E me convidou: "Vamos levá-lo para a mãe?". Concordei, com sorriso de orelha a orelha.

Superdose de emoção

Na sala de parto, a médica colocou o Giovani na maca, ao lado da Célia. Ficaram os dois cabeça com cabeça. Quando a Célia disse "Seja bem-vindo, Giovani", recebendo-o com todo amor do mundo e carinhosamente encostou sua cabeça na do Giovani, por puro reflexo, ele levou sua pequenina mãozinha na cabeça, sentindo aquele contato quente, uma erupção de amor. A médica ainda expressou: "Veja o reflexo da mãozinha dele!", apontando a reação do recém-nascido. Fiz fotos desse momento. Inesquecível. Lindo. As duas pessoas mais importantes da minha vida estavam ali, juntas, seguras, sãs e salvas, saudáveis, perto de mim. Que sensação ótima. Que alegria. Felicidade sem fim. Enquanto fotografava, perguntei ao médico: "Está tudo bem com a Célia não é, doutor?". Ele me respondeu que sim, e que o parto havia sido um sucesso. Respondeu enquanto costurava sua barriga. "Ah, doutor, qual foi o horário do nascimento?", perguntei curioso. "Meia-noite e quarenta e oito", respondeu ele me informando que meu filho havia nascido já na sexta-feira, 20 de abril, pesando 2,980 kg, medindo 49 cm.

Enfim, peguei-o no colo. Foi um momento muito prazeroso, muito bom. Inesquecível também.

Depois de me trocar, voltando à recepção, liguei de volta ao amigo padre: "Meu amigo, obrigado por rezar, está tudo bem. Meu filho nasceu ótimo, perfeito, e a Célia também está bem. Tudo correu maravilhosamente bem. Obrigado mesmo e desculpe novamente por ligar de madrugada". "Que bom, filho, que bom! Fico muito feliz por vocês. Agora já posso sair da capela e ir descansar então. Que bom", respondeu-me ele com voz de alívio e ares de missão cumprida.

Saímos todos do hospital, felizes. Dirigi sozinho até em casa agradecendo a Deus durante todo o caminho, dizendo em voz alta o quanto eu estava feliz e grato por Ele ter me dado uma família tão linda, por ter me ouvido novamente, como se Ele não pudesse "ouvir" meus pensamentos.

Lembro-me apenas de chegar em casa. A emoção tomou conta de mim de uma forma inexplicável. Acho que somente naquele momento a ficha realmente estava caindo. Eu tinha um filho. Meu filho nasceu bem, perfeito. Deu tudo certo. A nossa segunda chance vingou. Minha esposa estava bem. E voltaria para casa com o Giovani nos braços. Que momento esperado e desejado. Fui entrando em casa e a emoção era tanta, tanta, que não podia conter. Que alegria! Que felicidade! Como é bom ter um filho. Como estava realizado. Que sensação boa.

Continuava agradecendo sem cessar e cedi...

Chorei.

QR-Code – Relato mais detalhado do parto
http://LivroAutismo02.PaivaJunior.com.br

4

Do sentar ao andar

Giovani sentou com cinco meses, como a maioria dos bebês. Era uma criança muito calma, o bebê perfeito. Calmo e quase não chorava, a não ser por sono e fome, como todo bebê, mais por sono que por fome até.

Nem a fralda suja lhe incomodava tanto a ponto de reclamar, de chorar. Lógico que um tempo muito longo de fralda suja iniciaria um processo de assadura, que – aí sim – seria motivo de choro.

Mamou no peito até os sete meses, aliás, esse foi um detalhe à parte que destoava. Para mamar no peito ele chorava, chorava muito. Depois descobrimos que ele tinha refluxo e isso causava todo o incômodo. E a Célia foi uma guerreira nesse ponto. Foram sete meses de amamentação de muita insistência e sobretudo paciência e amor. O Giovani deve isso a ela. Não foi fácil. Ele só mamava em silêncio absoluto, o que dificultava ainda mais essa tarefa. Momentos difíceis esses, mas, vencidos.

Seu passatempo predileto era ver televisão. Ali, assistindo ao desenho do Pocoyo (personagem de animação que era um menino de três anos), ficava horas. Nos primeiros 30 minutos, ficava só assistindo. O restante do tempo alternava entre momentos de brincar com outros brinquedos e de voltar a dar atenção à TV por alguns minutos.

Mas quando digo "brincar com outros brinquedos" devo fazer uma explicação mais detalhada. O Giovani brincava do jeito dele com os brinquedos, o que dificilmente era o jeito correto, convencional, com a função para qual cada brinquedo foi feito. Por exemplos, brincava com um carrinho, mas não de empurrá-lo e fazer de conta que está em uma estrada. Ele jogava, chutava, virava a rodinha do carrinho... Mas nunca o empurrava como deveria.

Ao brincar com qualquer jogo educativo de montar, pegava uma peça, a levantava até a altura do rosto e a deixava cair, pegava de novo e fazia a mesma coisa, e assim repetia esse movimento por diversas vezes, até voltar a ver televisão por algum som que lhe chamasse a atenção por mais alguns minutos.

Se o deixássemos no cercadinho vendo televisão, então, aí sim ele se sentia realizado. Às vezes chorava quando o tirávamos do cercadinho, tamanho era seu interesse em ficar lá. No cercadinho, protegido (e de certa forma um pouco isolado), ele era capaz de ficar quase o dia todo se deixássemos. Alguns brinquedos e a televisão ligada o faziam passar muitas horas entretido e contente. Chegou a dormir sozinho diversas vezes dentro do cercadinho.

Era um bebê que não exigia muito de nós. Parecia ser, em alguns aspectos, independente demais.

Na época, víamos isso como uma virtude dele. Era calmo, compreensivo e pouco dependente. Dependente não. Era pouco carente, quase nada. E nesse ponto tenho que destacar que isso não quer dizer que ele não tinha ligação afetiva conosco, ou que não tinha nenhuma carência afetiva. A carência a que me refiro é a comum dos bebês que querem colo, querem atenção, querem sempre estar explorando algo novo. E que não pode ser confundida com a carência de afeto, de beijo, de carinho, pois o Giovani sempre foi muito ligado a nós nesse sentido, e sempre gostou de um carinho, de um abraço.

Assim que começou a andar, ficava brincando em um cômodo e, de tempo em tempo, vinha ao nosso encontro, pedia colo, ficava menos de meio minuto e já voltava. Era como viesse apenas para dizer: "Olá, que bom que vocês estão aí! Vou voltar a brincar", depois ficava mais alguns minutos lá brincando sozinho.

É lógico que em muitos momentos estávamos com ele, brincando junto, ou tentando brincar juntos, mas é importante destacar os momentos de isolamento que ele preferia ter para melhor explicar-lhe os fatores que possa dar algum sinal de que "alguma coisa errada não estava certa".

Aliás, o Giovani andou aos 11 meses, e sempre teve ótimo equilíbrio. Não só andava como corria muito bem. E correr era uma de suas prediletas diversões. Como esse moleque corria pela casa – e corre até hoje – e se divertia com isso. Correr era sempre a melhor brincadeira, principalmente se chegasse a um lugar amplo, livre. Era correria na certa. Ficava molhado de tanto transpirar. E não adiantava chamá-lo para parar de correr. Aliás, chamá-lo e ser ignorado por ele era parte do nosso dia a dia.

5

Troque o pneu já

A descoberta de que há algo errado com seu filho é como se o chão sumisse sob seus pés momentaneamente. Um susto.

A reação logo a seguir é a de negar, duvidar e achar que tudo que indica esse problema está errado. Sair dessa fase é decisivo. Para mim durou cinco minutos, sem exagero. Logo pensei que quanto antes eu encarasse a realidade, mais cedo meu filho seria tratado.

O caminho da negação é inevitável, mas é preciso manter a calma e ter coragem para enfrentar o problema em vez de fugir. Se você está vivendo essa situação e se encontra exatamente nessa fase, repense sua atitude. Negar ou fingir que seu filho está tendo um desenvolvimento típico não o ajuda em nada. É como se você soubesse que o pneu do carro furou, está murchando, mas, por preguiça ou medo de trocá-lo, continuasse andando assim mesmo, achando que vai conseguir chegar em casa e que, ao sair do carro, o pneu estará normal, cheio e sem o furo. Não se iluda. Pare o carro o quanto antes e troque o pneu. Se não trocar, pode ser tarde demais e você pode perdê-lo, pois estará todo estragado por andar muito tempo totalmente murcho. Se você nunca trocou o pneu do carro e está com medo por ser algo novo, desconhecido, saiba que milhares de pessoas já passaram por isso e trocaram o pneu, alguns o fizeram em 15 minutos, outros em 2 horas, mas todos trocaram. Algo novo e para o qual você não estava preparado acontece muitas vezes durante a vida. Temos de estar "preparados" para esses casos.

Enfrentar é o caminho. Melhor para você, melhor para o pneu, que em nossa analogia é o bebê.

Quando o Dr. José Salomão Schwartzman disse que meu filho poderia ter um transtorno global do desenvolvimento, um nome desses, todo pomposo, eu lhe respondi:

— Não me importo com o nome do que meu filho tem, doutor. Como posso ajudá-lo já?

E sua resposta foi imediata, além de sua expressão de satisfação ao ouvir tal atitude:

— Vamos começar o tratamento já, então.

Sei que não é fácil tomar essa decisão. Não foi para mim. Não foi para minha esposa, que, na época, estava grávida de oito meses da nossa caçula, a Samanta. Não será para você (ou se você já decidiu isso, não deve ter sido fácil também, tenho certeza), mas é o caminho mais curto para irmos rumo à qualidade de vida, ou a um desenvolvimento próximo do típico, ou à maior independência possível, ou, ainda – dependendo de sua fé –, rumo à cura (mas vamos deixar esse termo "cura" para depois, com muita calma e bom senso).

Ninguém pode tomar essa decisão por você. Ninguém pode decidir enfrentar essa situação em seu lugar. Não há procuração para que alguém troque o pneu enquanto você continue andando com o carro. É preciso parar o quanto antes, mas em local seguro e aí fazer a troca. E quando digo isso, na nossa analogia de trocar o pneu, quero dizer que é preciso bom senso e prudência ao escolher quem lhe orientará e ditará os passos para qualquer tratamento ou terapia. Aí é muito importante você procurar algum profissional, um médico que lhe passe confiança, se for possível, um neuropediatra. Para você não ficar seguindo "palpites" de todos os lados, muitas vezes antagônicos e controversos – todos muitas vezes na melhor das intenções de lhe ajudar, mas nem sempre são úteis para a sua situação. É preciso nesse momento ser seletivo e saber escolher a quem ouvir. Ou, melhor, você pode até ouvir de tudo, mas é importante decidir a quem seguir.

Sim, eu sei que você vai perder tempo, sujar as mãos, ter de fazer força, dar sorte para que seu macaco esteja funcionando e, se tiver mais sorte ainda, passar alguém para lhe ajudar. Trocar o pneu é necessário, afinal, foi na sua mão que ele furou. Sei que é clichê, mas vou dizer algo que se encaixa muito bem para este momento: Deus não escolhe os preparados, Ele prepara os escolhidos.

Se sua fé lhe permite acreditar em alguém ou algo do bem, que tenha mais poder que você, chame-o de qualquer rótulo que nós humanos lhe damos, tenha certeza de que algo especial está preparado para você. Se esse pneu furou enquanto você estava dirigindo esse carro, é porque você tem condição de trocá-lo. Nunca vi ninguém abandonar um carro por ter um simples pneu furado. Não que não seja um aborrecimento, trabalhoso, mas são coisas que podem acontecer a qualquer um que dirija um veículo. Sim, há várias maneiras de resolver esse problema, desde fingir que não está acontecendo nada, como dei o exemplo no início desta analogia, estragando todo o pneu, até chamar a seguradora para guinchar o carro até sua casa. A melhor solução, porém, é a mais simples: trocar o pneu você mesmo, o quanto antes e com segurança.

Você pode até imaginar o trabalho que dará fazer isso, pode imaginar que depois de trocado não vai ter certeza de que tenha feito tudo 100% correto e vai continuar o caminho inseguro até sua casa. Mas não pense no amanhã. Não pense no depois. Viva o agora, o tempo presente (que não é à toa que tem esse nome), e quando se pegar pensando no futuro de como vai ser daqui a um mês, um ano ou uma década, pense que vai ser a consequência do que você está fazendo hoje. Quanto melhor o fizer, melhor o será.

Uma coisa lhe digo, sem hesitar:
— Troque o pneu já!

Capítulo 5,5

Aceitar é um grande trunfo. Mas o que é aceitar?
Estamos falando de aceitar que seu filho é especial, tem necessidades especiais; mais especificamente para nosso assunto, aceitar que seu filho tem autismo.

Parece simples. Mas não é. Se você não viveu esta situação, acredite: não é nada simples. E não pense: "Sim, eu imagino", pois você não imagina. É o tipo de situação que apenas quem a vive tem a plena consciência do que é, ou do que fora.

Aceitar, antes de tudo, é não negar. Negar primeiro no sentido de não querer acreditar mesmo. Conheço pais que demoram anos - sim, anos - para admitir o autismo de sua criança. E pior, só depois disso começar a tratá-la. Prejuízo para todos neste caso!

Depois tem o negar no sentido de admitir que seu filho tem autismo, mas não agir como tal, não agir como quem o admite. É como se fosse uma aceitação para o mundo externo ao mesmo tempo que uma negação para si mesmo. Em alguns casos, pode ser quase como um "segundo estágio" da negação.

Aceitar mesmo, de verdade, é muito mais que isso. Não algo como pensar: "Ok, eu aceito, não queria isso, mas se é o que tenho, aceito". Nããão! Aceitar e resignar-se não ajuda muito. Quero que entenda o aceitar pleno, o aceitar que deve permear sua vida daqui para frente, e muito intensamente no início da fase pós-suspeita/diagnóstico de autismo.

Aceitar plenamente é encarar de frente a situação. É não esconder de si, nem do mundo. E não esconder, porque não se esconde algo com o que sabemos lidar bem e temos orgulho. Não digo que tenho orgulho de meu filho ser autista, tenho orgulho do meu filho ser meu filho. Ser quem é. Completo. Com autismo, com beleza, com saúde, com talentos, com habilidades, com dificuldades, com limitações, com disposição, enfim, 100% do ser humano que ele é, com todas suas particularidades - e muitas iguais às minhas, logicamente.

E este não é um processo relâmpago, algo que acontece do dia para a noite. Naturalmente, é algo que se conquista, uma evolução e, principalmente, um amadurecimento de sua reflexão acerca desta situação.

E o aceitar não pode associar-se ao conformismo. Não é porque aceito que não buscarei mudar esta situação. Aceito, ok. Posso mudar, melhorar, aperfeiçoar, contribuir? Então é o que farei!

Para isso existem os tratamentos, terapias, seja lá o caminho que você for escolher para intervir nesta situação e melhorá-la. Isso não significa que você não estará aceitando. Significa que não está conformado, parado, estagnado, passivo, sem ação. Mais a frente eu lhe ensino (a quem não sabe) a ligar o botão do "Dane-se" e algumas coisas ficam mais tranquilas. Mas essencialmente o que quero dizer é que enquanto você não aceitar para si mesmo, não aceitará plenamente e, o mais importante, não se beneficiará dessa aceitação até experimentá-la.

Você pode estar pensando que isso não é fácil. E não é. Quem já passou por esta fase sabe certamente que é uma condição que se constrói.

Creio que aceitar seja, sobretudo, enxergar a pessoa, muito mais que o autismo dela.

QR-Code – Livros e Filmes a respeito de autismo
http://LivroAutismo03.PaivaJunior.com.br

6

Tão perto, tão longe

A característica mais marcante e a que primeiro detectamos em nosso filho foi o fato de ele não atender pelo nome. Sempre o chamamos pelo nome, sem apelidos, sem "bebê", sem "filhinho", nem nada disso. Sempre pelo nome. Porém, ele atendia na minoria das vezes. Posso dizer que era quase nunca.

Ao relatar isso à pediatra, fomos orientados a fazer um exame de audição nele – o que resultou em uma avaliação completamente normal, com audição perfeita. No fundo, sabíamos disso, pois de longe ele sempre ouviu a vinheta de abertura de seu desenho preferido e corria para a sala imediatamente.

A pediatra disse que "era o jeito dele". E aceitamos, afinal de contas, estávamos frente a um médico pediatra, especialista em crianças. Nesse caso é aceitar e confiar.

E o problema maior do diagnóstico tardio de autismo, e dos demais TGD, entendo que esteja dentro dos consultórios pediátricos. São eles os primeiros profissionais com a chance de observar esses pequenos e sutis sinais que podem levar a um diagnóstico de autismo e TGD. Eles têm a grande chance de fazer esse alerta, e fazê-lo com a autoridade que têm (falaremos disso mais à frente).

Voltando ao fato de meu filho não responder pelo nome, cheguei a chamá-lo de "guino" e de "guinão", como costumo brincar apelidando os "guinorantes". Naquele momento, porém, quem estava sendo ignorante, ou melhor, um "guinão", era eu. Confiando na pediatra, achava que era o jeito dele. Ignorava-nos por não estar interessado no que dizíamos ou lhe ofereceríamos naquele instante. E ficava desapontado com isso. Frustrado.

Essa foi a segunda característica que li na minha pesquisa inicial. E essa eu não tinha como negar, nem como duvidar. Era certeza. Meu filho não atendia pelo nome. A certeza dessa característica me fazia perder um ponto naquela batalha de instante contra o autismo. Era a primeira batalha, a de ter ou não a possibilidade de meu filho sofrer de algo assim.

Apesar de a certeza dessa característica encaixar-se perfeitamente com meu filho, continuava cada vez mais assustado com esses sintomas. E repetia para mim mesmo: como pode haver alguma doença, síndrome ou transtorno cuja característica seja não atender pelo próprio nome? Parecia ilógico, idiossincrático demais! Surreal.

Como algo tão instintivo e tão simples como atender pelo nome podia descrever (em parte, lógico) algo tão complexo e desconhecido pela ciência como o autismo/TGD.

Estava ao lado do meu filho. Chamava-o. De novo. Mais uma vez. E repetia. Parecia que ele estava distante, tão distante que não podia me ouvir, ou que havia uma redoma de vidro em volta dele, bloqueando minha voz, ou ainda que ele estivesse em outra dimensão, outro mundo.

Depois fui saber, no modo tão sensível e didático de o Dr. Salomão explicar-nos, que para meu filho era como se alguém me dissesse um palavrão, me xingasse, em russo, ou em chinês. Eu não entenderia, e não daria importância àquilo, já que não entendo e "não deve ser comigo", ou "não deve ser importante".

Eu me sentia como se estivesse sendo apresentado (e estava mesmo!) naquele momento a algo tão complexo e estranho para mim. E que começava a ver algumas semelhanças desse algo estranho em meu filho, que era tão conhecido, tão íntimo de mim. O mesmo acontecia com minha esposa em relação a ele também. Sentia-nos, naquele momento, tão perto e tão longe.

7

Olhos nos olhos

Quando eu imaginaria que pudesse haver alguma doença, ou síndrome, ou transtorno, enfim, algo de errado que fizesse com que uma pessoa não olhasse nos olhos da outra?

Eu jamais ouvi dizer sobre nada parecido. Quando pesquisei pela primeira vez sobre o autismo, essa foi a primeira característica que li. Assustei-me. Parei. Pensei. Relembrei. Pensei de novo. Relembrei de novo para ter certeza. E concluí. Meu filho não olha nos olhos de ninguém.

Já conversei com tanta gente que não olha nos olhos. Gente que fecha os olhos ao falar comigo, ou que fecha os olhos ao falar em público, ou ainda que olha para o infinito durante a conversa, mas nunca havia sequer levantado uma hipótese de que isso pudesse indicar algo de errado. Lógico que não é uma regra de que todas as pessoas que têm dificuldade em olhar nos olhos estão com algo errado. Lógico que não. Mas essa característica em bebês e crianças indica um sinal de alerta.

Pelo que li, olhar nos olhos, olhar para a face humana é natural das pessoas. Desde sempre, desde o nascimento. No início, o bebê não consegue ver muita coisa, mas assim que começa a enxergar com alguma definição, já deve ter atração pela face humana – e a primeira a ser reconhecida é a da mãe, claro.

Ler tal sintoma ou característica do autismo assustou-me mesmo. Algo aparentemente tão banal, tão insignificante, poderia ser tão sério e o indicativo de algo tão complexo, como o autismo e os TGD.

Acostumado comigo e com minha esposa, nosso filho olhava muito mais nos nossos olhos que nos das pessoas menos habituadas a vê-lo, o que dificultou ainda mais chegar à conclusão de que ele se encaixava nessa característica. A primeira reação é negar dizendo: "Não, ele olha nos meus olhos sim; não é sempre, mas olha sim". Enquanto, em uma análise mais cuidadosa, com menos medo de enfrentar o problema, percebi que ele não olhava nos olhos mesmo. Não se interessava pela face humana como deveria. Não era atraído pelo sorriso, coisa tão natural.

E que não percebemos. Pelo menos não antes de pesquisar sobre o autismo e TGD. Não percebemos por não ter contato com outra criança de idade semelhante, e por não estarmos habituados com esse novo mundo dos bebês. Inexperiência.

É algo sutil. Mas que depois de descoberto, salta aos olhos de maneira a incomodar. Incomodar a mim que agora vejo essa diferença e incomodar a meu filho também, pois li um relato, nas minhas pesquisas iniciais sobre o problema, de um pai com autismo – e que também tem uma filha com o mesmo diagnóstico – relatando a dor que sente ao olhar nos olhos de outra pessoa. Não é uma dor física, mas um grande incômodo, chegando a ser insuportável. Ele relata que é como se ele estivesse nu diante daquela pessoa, tamanho o desconforto que olhar nos olhos lhe causava.

Aliás, não só o contato visual, mas dificuldade no uso de outros comportamentos não verbais, como expressão facial e gestos. Meu filho não fazia gestos, não apontava nada. Se queria algo, um copo, por exemplo, que estivesse em cima da pia da cozinha, não pedia a ninguém. Ficava ali embaixo, tentando pegar e depois de muita insistência chorava por não estar conseguindo. O máximo que ele fazia era olhar para alguém e depois para o copo, mas apenas isso, nada mais. Era preciso ficar sempre muito atento para entender o que ele queria ou o motivo de cada choro.

Sua expressão facial era pouco expressiva (será que fui pleonástico dizendo isso?). Ria, sorria, mas não era algo tão frequente. Mas quando sorria, era encantador. Aparentemente também não entendia nossa expressão facial. Se estávamos com cara de bravos ou assustados, para ele não parecia fazer diferença. Parece que ele não conseguia "ler" nosso rosto. Mas, sem dúvida, o contato visual era a característica mais comprometida nele e uma das mais significativas no diagnóstico do espectro do autismo.

Olhar nos olhos é natural. Uma criança não olhar é, no mínimo, preocupante.

Capítulo 7,5

Um problema que as pessoas e famílias afetadas pelo autismo infelizmente têm de lidar frequentemente é o preconceito.

E a única forma de combater o preconceito é com informação. A sociedade brasileira pouco conhece sobre autismo. E por causa do autismo não apresentar uma mudança física característica, como se pode identificar facilmente na Síndrome de Down, não é fácil para que uma pessoa que nunca teve contato com o autismo identifique como tal ou imagine essa hipótese – o que fica ainda pior se não houver informação sobre isso para a sociedade.

Portanto, quanto mais você contribuir para que a sociedade de um modo geral saiba mais sobre autismo, mais você estará ajudando a diminuir o preconceito (preconceito esse que até mesmo você poderá sofrer quando estiver com sua criança em um lugar público).

Entendo que compartilhar seu conhecimento sobre autismo com outra família afetada por esta síndrome é quase uma obrigação. Ainda que possa ser minimamente, você contribuirá em algo, nem que seja apenas para ter a alentadora sensação de que não estamos sozinhos nesta situação, que mais alguém "compreende" o que vivemos. Se você encontrar uma família que acabou de receber o diagnóstico (ou suspeita) então, será ainda mais útil o que você puder compartilhar de conhecimento. Aliás, o conhecimento é uma riqueza que você não pode deixar morrer com você sem passá-lo para frente. Quando você leva conhecimento a outra pessoa, ele não se divide, você não fica com menos, ele se multiplica e ambos ficam melhores.

Já compartilhar conhecimento com a sociedade, levando informação, significa beneficiar coletivamente, pois conforme o preconceito diminui, todos os afetados pelo autismo – direta ou indiretamente – são beneficiados.

Em função dessas duas opções de informar, foi criada a Revista Autismo, por pais de pessoas com autismo, que nasceu sem uma ONG, sem governo, sem financiamento, sem dinheiro, apenas com doações e voluntariado, porém nasceu gratuita e nacional (se você quiser saber mais sobre essa publicação acesse www.RevistaAutismo.com.br e conheça a primeira revista sobre o assunto na América Latina, da qual tive a honra de ser um dos fundadores e seu primeiro editor-chefe).

Mas não é apenas criando uma revista que se leva informação para a sociedade. O simples fato de você fazer um pequeno panfleto ou em um bate-papo informar seu vizinho, seus parentes, colegas, já estará contribuindo para tal.

Faça o que estiver no seu alcance – mas também não se subestime. Ouse.

8
O valor de um abraço

Agressividade e logo em seguida a falta de vínculo afetivo. Aí empatei o jogo. Estava dois a zero para o autismo. E nesse momento eu marquei logo dois gols naquela minha batalha.

Essas duas características, no caso do meu filho, não estavam presentes. Isso me animou a intensificar a esperança de que nada estava errado com ele. Ou que fosse algo muito mais simples que qualquer TGD.

Muito calmo e às vezes até mesmo passivo demais, meu filho jamais havia sido agressivo. E o vínculo afetivo sempre foi presente entre nós três. Chegando ao ponto de ele ficar brincando sozinho por um tempo em outro cômodo ou assistindo à televisão, interromper, vir até nós, às vezes até pedir um colinho ou dar um abraço, e voltar a sua atividade novamente.

Ao ler vários relatos de crianças com autismo/TGD, percebi que havíamos tido sorte. A falta de vínculo é mais comum do que pensava nesses casos e há dois pontos muito importantes que isso prejudica.

O primeiro e mais óbvio é a falta de reciprocidade do carinho que todo pai e mãe têm para com seu bebê. Amar e – aparentemente, repito: aparentemente – não ser amado... dói demais. Cheguei a ler pais contando que sua maior dor é jamais ter ganhado um beijo e um abraço de seu filho. Impossível imaginar tal situação sem vivê-la. Pode-se calcular que obviamente isso é horrível, mas o tamanho dessa angústia só sabe quem a vive.

A falta de afetividade faz com que a criança não goste de ser tocada, o que dificulta até mesmo o ato de receber um abraço, ainda que de forma unilateral e passiva. Apenas receber. Se a criança se sente incomodada ao ser tocada, não gostará de receber beijos, abraços, carícias, enfim, a missão de manter-se carinhoso e poder expressar esse amor por seu filho fica muito difícil e lhe exigirá criatividade, paciência e, sobretudo, persistência. Você vencerá. O amor vencerá. Creia nisso.

Outro problema causado pela falta de vínculo é a facilidade com que a criança pode sair com estranhos. Um perigo tanto para o caso de encontrar pessoas "bem intencionadas", como principalmente criminosos (não dá para usar outra palavra para referir-me a alguém que possa se aproveitar dessa situação, ainda mais dessa situação, para cometer algum delito). Desde se perder até expor-se a situações de grave risco, a falta de vínculo afetivo desfaz o laço que a mantém perto dos familiares e amigos. Com vínculo há tantos casos de crianças que se perdem, se envolvem em acidentes e até causam acidentes, imagine sem afetividade.

A agressividade também dificulta muito o dia a dia, com certeza. Muitas vezes até a agressividade contra si mesmo, a autoagressão, pode estar presente, o que é ainda pior. A situação de um modo geral já nos exige imensa paciência – a qual devemos descobrir uma fonte inesgotável para abastecermo-nos constantemente, pois não é fácil –, e no caso de haver agressividade, pode elevar essa exigência de paciência e tolerância às alturas.

Vínculo afetivo e agressividade são fatores que, sem dúvida alguma, quanto antes forem minimizados, maior será a qualidade de vida da criança e da família.

Ainda que haja graves comprometimentos por essas duas características, não dá para dizer que ninguém pode parecer "não ter alma", como absurdamente já li. Isso sim chega a ser agressivo.

9

Faz, faz, faz e faz de novo

Outro sintoma ou característica do autismo são os movimentos repetitivos e estereotipados.

É comum que o bebê faça movimentos diferentes e até mesmo estranhos, mas isso faz parte da exploração do próprio corpo e do que ele é capaz. Quando li essa característica, passou um rápido filme pela minha mente sobre as atitudes do meu filho. Infelizmente, lembrei-me de diversas vezes em que ele pegava um brinquedo. O levantava até a altura dos ombros. Deixava cair. Pegava de novo. Levantava novamente até o mesmo ponto. Deixava cair. E de novo. E de novo. E de novo.

Talvez esse tenha sido o momento em que mais me dei conta de que algo poderia realmente estar errado com o desenvolvimento de meu filho.

Por mais que os bebês tentem explorar novos movimentos e até movimentos estranhos, como citei no início deste capítulo, nada pode se repetir tanto, por tantos dias, sem função, sem imitar algo ou alguém.

Os movimentos repetitivos dão um grande alerta para os pais verem que seus filhos estão fazendo algo sem propósito e basta um pouco de atenção a seu semblante para perceber que não estão ali. Estão distantes. Desligados. Em outro mundo. No seu próprio mundo.

O movimento de levantar e soltar era usado por meu filho para brincar com uma bolinha. Mas se eu desse um lápis ou um carrinho, o movimento era o mesmo. Repetitivo. Sem originalidade, ou seja, seguia um modelo, um estereótipo, muitas vezes semelhante entre demais autistas.

A fascinação por movimentos circulares também é comum em um quadro do espectro do autismo. A busca por fazer algo girar, rodar, também faz com que haja ainda mais movimentos repetitivos.

Quando, naquela primeira consulta (a do liquidificador), o médico deu alguns brinquedos para meu filho. Lá na minha mente, eu torcia, como nunca: "Brinque corretamente, não jogue, não jogue, não jogue, brinque!". Se pudesse gritaria isso a ele naquele momento. Aliás, se pudesse tomaria seu lugar naquele momento... Acho que tomaria seu lugar a qualquer momento.

Mas ele jogou. Não brincou. Levantou o brinquedo até certa altura e soltou. Fez de novo e de novo e de novo.

No fundo, bem lá no fundo, sabia que era melhor. Torcia para ele fazer tudo corretamente. Torcia para que o médico olhasse para nós com cara de absurdo e dissesse: "Seu filho não tem nada. Por que vieram aqui?".

Mas sabia que o melhor seria que ele mostrasse o que realmente fazia. Seria que ele se comportasse da pior maneira possível. Pois adianta ir ao médico sem febre? Sem dor? Sem nada? Mas esse é o lado racional. O emocional queria mesmo é tirar meu bebê de lá, dizendo que ele estava com sono, ou que eu é que o ensinei a jogar tudo e a brincar assim.

Mas o sonho é para ser sonhado; e a realidade, para ser enfrentada.

Foi uma sensação muito semelhante. A primeira, quando li a característica dos movimentos repetitivos e estereotipados. Quando passou o filme na minha mente e me dei conta de que havia algo errado. A segunda quando ele fez esses movimentos diante do especialista, quando eu tive certeza de que ele seria sentenciado.

Ambos os momentos não foram fáceis. Talvez tivessem sido os dois mais difíceis. O primeiro, por ser a primeira ficha a cair. A constatação de que poderia – veja bem, poderia – haver algo errado com meu filho. O segundo, que havia algo errado com ele.

Em ambos os momentos, eu sabia que era um caminho sem volta. Quando digo "sem volta", não quero dizer que não haja solução. Não me entenda errado! Quero dizer que não há como voltar atrás e não passar por isso. Será preciso continuar, ou dar a volta, por um caminho muito mais extenso – e, provavelmente, mais difícil. Esse é o sentimento da constatação.

Sabe quando você acha algo, apenas acha, pensa. É uma desconfiança, uma suspeita. Se for algo ruim, naquele momento, você nutre a esperança de que sua suspeita não se confirme. Mas quando é... quando passa a ser fato e não hipótese, não tem volta. Aconteceu.

Posso dizer que nesses dois momentos perdi o chão. Mas com uma grande diferença.

No primeiro, fiquei por segundos desorientado, minutos desesperado, horas inconformado, dias triste, semanas abatido. Foi muito difícil. Sozinho, nesse primeiro momento, pois ainda não tinha dito isso a ninguém. Desculpe a agressividade do que vou escrever, mas se para você que lê pode soar agressivo, imagine para mim, pai, que escrevo... Naquele momento, eu me perguntei: cadê meu filho "perfeito". Aquele que em todos os exames de ultrassom estava "tudo ok", "tudo perfeito", que no nascimento constatou-se "perfeito"? Cadê? Novamente peço que não me entenda mal. Além de lhe pedir que pese o momento frágil e deseperador no qual eu vivia. Quando besteiras passam por nossa mente, ainda que não queiramos. Cadê aquele meu filho? Agora era especial, diferente. Era um "novo" filho, para o qual eu não estava preparado.

No segundo momento, foi parecido, mas diferente. A confirmação, antes mesmo de o médico dizer qualquer diagnóstico, era clara para mim. Meu chão caiu de novo, mas dessa vez não foi susto ou desespero. Foi certeza: temos de agir, temos de ajudar. Talvez até inspirados em seus movimentos repetitivos, poderia dizer que temos de ajudar, ajudar, ajudar e de novo ajudar.

E para ajudar, antes, é preciso aceitar. Reconhecer que a criança tem autismo ou qualquer transtorno que esteja comprometendo o desenvolvimento. Aceitar e não deixar seu bebê escondido em casa é muito importante. Não ligue para o que os outros vão pensar. Seu "compromisso" é com seu bebê. Dane-se! Se você se sentir confortável para dizer às pessoas que sua criança tem autismo, diga. Se não se sentir, não diga. E pronto. Não se cobre por isso – nem pelo sim, nem pelo não.

É imprescindível ficar claro que não dá para tratar algo que nós mesmos não acreditamos plenamente existir. É preciso encarar a realidade com determinação. Aceitar que sua criança tem autismo não significa abrir mão de acreditar que ela vá evoluir, que terá muitas conquistas, não deixe de sonhar. Mas é preciso viver no mundo da realidade para se trabalhar rumo ao sonho.

Se puder, também vale a pena sonhar um dia por vez. Pequenas metas são mais tangíveis e mais fáceis de serem alcançadas. Você terá a oportunidade de ver vitórias tão pequenas e tão simples em seu bebê – e comemorá-las bastante! – que muitos outros pais ignoram isso e nem chegam a "vê-las" nos seus pequenos.

Autismo não é uma sentença. É um desafio.

10
Imitar é aprender

O autista não imita. Quando soube dessa característica, percebi o quanto seu cérebro trabalha diferente e o motivo de não aprender o que comumente qualquer bebê com desenvolvimento típico aprende.

A grande intenção da maioria dos tratamentos e terapias é exatamente para desenvolver essa capacidade. Imitar faz aprender. O macaco imita; o papagaio imita a voz humana. Imitar é aprender. Pelo menos é o primeiro estágio do aprendizado.

Ao sermos alfabetizados, primeiro copiamos. Depois, aprendemos para fazermos sozinhos. Quando estamos aprendendo algo novo, uma nova área de conhecimento, muitas vezes imitamos primeiro, copiamos alguém que já o faz com habilidade.

O fato de não imitar é sério. Compromete. Principalmente nessa primeira fase de aprendizado do bebê.

A sensação de perceber que seu filho não imita, portanto, tem imensa dificuldade em aprender algo naturalmente, é horrível. A primeira preocupação que passou pela minha mente, antes de conhecer qualquer tipo de terapia foi a indagação: "como ensinar um bebê a imitar, algo que é tão natural e inato do ser humano?" – me perguntava sem resposta.

Novamente tenho de escrever algo difícil para mim: naquele momento eu (com uma burrice momentânea) cheguei a pensar o absurdo de que meus cachorros poderiam ser mais "inteligentes" que meu filho.

É tão dolorido para mim expor-me assim, e dizer algo tão ruim sobre meu próprio filho, mas foi meu primeiro pensamento quando me deparei com essa análise que nunca fazemos em condições normais, ops!, em condições típicas. Mas logo vi a situação de maneira mais profunda e consegui usar minha inteligência, pois essa situação toda chega a desligar nosso pensamento racional por alguns instantes.

Em um primeiro momento, é difícil até determinar o quão inteligente é uma criança que tem a característica de não imitar. Como teria meu filho aprendido a fazer tchau, abraçar, fazer carinho, bater palmas... A relação com a inteligência inverte-se aqui. Aprender coisas tão básicas pode não denotar tanta inteligência, saber pouco mais que isso somente denota até falta de inteligência. Mas talvez sua inteligência seja até muito maior, pois aprendeu tudo isso sem saber imitar. Aprendeu de forma mais difícil, menos natural.

Aliás, a inteligência é outro assunto a destacar. Pois, segundo os ensinamentos do Dr. Schwartzman, a maioria, cerca de 70%, dos autistas tem comprometimento da inteligência. E ele foi categórico desde a primeira consulta: "vocês têm muita sorte, pois seu filho tem a inteligência plenamente preservada" – um alívio, sem dúvida, para nós.

A sequência do tratamento demonstrou que o médico estava certo. Meu filho surpreendeu em muitos momentos, com a psicóloga, com a fonoaudióloga, na escola, em casa. Inteligente. Muitas vezes, imitou por inteligência e não por naturalidade, pois esta última ele não tinha. O que era quase um extinto humano faltava-lhe.

Com minha filha, Samanta, dois anos e meio mais nova que o Giovani, pude entender melhor o quanto essa imitação natural é presente nos bebês. Percebi que ela imitava muito. Em um determinado momento, posso dizer sem exageros que mais imitava do que agia por si só. E a cada imitação celebrada, umas vezes por ser engraçada, outras por ser ágil, outras por ser hábil, outras por ser inacreditável para nós, isso era um reforço para que fizesse mais uma vez e com a continuidade ia se aprimorando e, consequentemente, aprendendo.

Deparávamos naquele momento com dois aprendizados diferentes. O primeiro, natural, o que não tínhamos visto antes; o segundo, por inteligência e a luta por encaixar-se em um mundo para o qual não se é 100% compatível.

Creio que talvez eu tenha chegado a uma definição mais abrangente: aprender sem imitar é como lutar com a inteligência para ser compatível com um mundo incompatível ao seu. É fazer a diferença para não ser diferente.

Capítulo 10,5

Acredite no potencial de sua criança. Parece óbvio dizer isso. Mas se tratando de uma criança com autismo não é.

O comprometimento da comunicação (principalmente, mas não exclusivamente) dificulta muito nesse sentido. Pois muitas crianças com autismo não respondem como se espera em determinada situação, o que quase sempre mascara sua capacidade, induzido que a subestimemos.

Vou pôr na prática para você entender melhor.

Se você ainda não viu, vou lhe contar uma história que ficou famosa no mundo através da internet. A história da canadense Carly Fleischmann, mostrada por canais de televisão norte-americanos, nos EUA e no Canadá, como ABC, CTV e CNN, e em seguida propagada pela rede mundial de computadores.

O pai de Carly, Arthur Fleischmann, conta que aos dois anos de idade Carly não acompanhava a irmã gêmea no desenvolvimento e em seguida foi diagnosticada com autismo severo, inclusive com limitações motoras naquele momento que a fizeram demorar a sentar e a andar. A irmã tinha desenvolvimento típico, sem qualquer problema.

Carly começou as intervenções de seu tratamento aos 3 anos de idade, de forma intensa, com 40 a 60 horas semanais de terapias. Os pais de Carly jamais desistiram.

Arthur ouvia dos médicos que Carly tinha autismo severo e retardo mental moderado. Um balançar constante, braços agitados, birras constantes e a completa ausência da fala deixavam ainda mais difícil pensar que Carly poderia um dia comunicar-se. E mais, mostrar sua inteligência. Mas os pais diziam, enfaticamente: "Como um pai e uma mãe poderiam desistir de sua própria filha?".

Aos onze anos de idade, com progressos lentos e frustrantes, Carly fez o inesperado. Em um dia em que estava extremamente agitada, ela fez algo surpreendente: foi ao computador e escreveu a palavra DOR, em seguida escreveu AJUDA. E saiu correndo para vomitar no banheiro.

Ninguém jamais havia ensinado Carly a ler ou escrever, muito menos a digitar em um computador. Uma das terapeutas dela disse que aquilo demonstrava que havia muito mais coisas passando na cabeça de Carly do que pudessem imaginar. Ela nunca havia escrito nada antes!

Mas Carly não escreve mais. Foi uma cena única, isolada. E que se manteve inexplicável.

Os pais, porém, não desistiram. E viram que aquele momento havia sido a prova de que Carly sabia muito mais do que demonstrava. E que seu diagnóstico de moderado retardo mental estava em cheque.

Aos insistirem para que digitasse no computador se quisesse algo, ela recusou por meses e jamais voltou a escrever ou demonstrar que soubesse. Os mesmos comportamentos de antes continuaram.

Os pais cada vez mais intensificaram a condição de que se quisesse algo, Carly teria de digitar, até que meses depois, ela recomeçou a escrever. Ela entendeu que, se comunicando, tinha poder sobre o ambiente que a cercava e conseguia realizar seus desejos. E as coisas que ela escrevia eram impressionantes! Não ficou em simples palavras soltas ou pequenas frases, mas mostrou entender plenamente complexos conceitos, derrubando por terra aquele diagnóstico de inteligência comprometida. Por exemplo: "Sou autista, mas isso não me define. Conheça-me, antes de me julgar. Sou bonita, engraçada e gosto de me divertir". Ela explicava também os seus comportamentos estranhos. Bater a cabeça, por exemplo:"Se eu não bater a cabeça, parece que vou explodir. Tento não fazer isso, mas não é como apertar um botão". "Eu sei o que é certo e errado, mas é como se eu lutasse contra o meu cérebro o tempo todo." Ela não escondia seus desejos e frustrações: "Eu queria poder ir à escola como uma criança normal, mas não quero que fiquem com medo de mim, se eu bater na mesa ou gritar. Eu gostaria de apagar esse fogo dentro de mim", digitou ela.

Outra frase muito emblemática de Carly foi: "As pessoas pensam que sou burra só porque não posso falar".

O pai, explodindo de alegria, disse em um dos programas de TV: "Parei de olhar para ela como uma pessoa incapaz e passei a vê-la como uma adolescente sapeca!". Junto da sua irmã gêmea, é fácil considerar Carly como mentalmente comprometida, mas somente até perguntar alguma coisa a ela. Uma das terapeutas, por exemplo, lhe perguntou: "Por que os autistas tapam os ouvidos, balançam as mãos e fazem sons estranhos?" Ela rapidamente respondeu: "É a nossa maneira de drenar a entrada sensorial que nos sobrecarrega. Nós criamos saídas (reações, respostas) para bloquear entradas de informações". O cérebro de Carly se sobrecarrega com sons, luzes, sabores e aromas, assim como diversas pessoas com autismo, que apresentam comumente algum nível de desorganização sensorial. Carly explicou: "Nossos cérebros são conectados de forma diferente. Nós absorvemos muitos sons e conversas ao mesmo tempo e isso, às vezes, incomoda. Eu tiro centenas de fotos de uma pessoa quando olho para ela. Por isso, é difícil ficar olhando para alguém durante muito tempo".

Quem se interessar mais por esta história, pode acessar o site de Carly em www.carlysvoice.com e assistir inclusive aos programas dos quais ela participou ou foi tema.

O que quero lhe mostrar com esta história não é que você deve esperar que sua criança aprenda a ler e escrever sozinha ou passar a se comunicar do nada, como aconteceu com Carly, mas que acredite no potencial de sua criança. O autismo pode "esconder" diversas capacidades e habilidades que podemos julgar nunca terem existido e, se nós acreditarmos que a criança pode mais, podemos não dar a ela a oportunidade de mostrar isso em algum momento.

Portanto, acredite sempre que algo mais pode vir daquela pessoa, que ela não chegou a seu 100%, principalmente se ela tem alguma limitação que a impede de "se mostrar", de responder, de reagir, como se espera.

Acredite até o fim!

11
Faz de conta que não faz

Brincar é outra atitude natural dos bebês. Meu filho brincava, mas não como deveria. Quando li a característica, a de brincar com parte em vez do todo de um brinquedo, novamente me senti derrotado pela realidade. Mais um gol sofrido.

O exemplo que li encaixava-se perfeitamente: brincar apenas com a roda de um carrinho, em vez de brincar com o carrinho todo, com o sentido correto. Peguei meu filho por diversas vezes com carrinhos de cabeça para baixo e ele girando apenas a roda.

Talvez essa hora tenha me preocupado ainda mais o fato de me conscientizar que talvez meu filho não soubesse brincar. Imaginei o prejuízo desse fato para sua infância. Uma criança que não brinca perde um pedaço muito importante da sua vida. Como não pude enxergar isso antes!

Depois a psicóloga explicou-me que ele brinca, mas brinca do jeitinho dele. E isso não significa que ele não está curtindo essa importante fase, a infância. Está sim, e se diverte, mas de maneira que para nós não é comum. Tranquilizei-me mais, porém entre o dia em que li essa característica e o dia em que a psicóloga me disse isso, passou-se no mínimo um mês. Angústia.

Outra característica me fez reforçar a preocupação pela infância dele: o fato de não ter imaginação. Sem trocadinhos, você pode imaginar o que é uma criança ter a sua imaginação comprometida? Não ter faz de conta em sua vida?

O mais legal de ser criança é poder fazer de conta!

O autismo apresenta o comprometimento dessa função do cérebro, a imaginação, o abstrato. Por esse motivo, a pessoa com autismo é muito concreta e muitas vezes não consegue entender figuras de linguagem, como a ironia, por exemplo. Se uma criança com autismo fizer algo de errado e você, bravo, disser "Bonito isso, não!", pode ser que ela fique confusa, pois sabe que você não acharia isso bonito, mas está dizendo que é bonito. Essas nuances da linguagem não podem ser captadas justamente por essa falta de domínio sobre o abstrato.

Outro exemplo clássico é dizer que está "chovendo canivete". Para uma pessoa com autismo isso pode ser motivo para esconder-se debaixo de uma mesa para proteger-se da tal "chuva". A compreensão é sempre concreta, literal, ao pé da letra.

Essa era uma característica que eu ainda não podia notar no meu filho, pois ele era muito novo e não havia percebido se isso acontecia com ele ou não. Pelo menos não podia perceber naquela noite em que pesquisei o assunto pela primeira vez.

Depois, um amiguinho dele foi em casa e vi o garoto, cinco meses mais novo que meu filho, brincando de comidinha, imaginando que uma peça do brinquedo era um prato cheio de comida. Nesse momento notei que meu filho nunca tinha brincado de nada que não estivesse real e concretamente ali.

Isso me preocupou mais ainda, pois a imaginação, a abstração, é muito importante para entender conceitos. É a base para captarmos ideias mais complexas, não nos limitando ao palpável. Talvez tenha sido essa a hora que mais entendi a gravidade desse comprometimento para o cérebro humano. O quanto isso o limitaria.

Aquele instante foi quando parei um pouco de ler. E fazendo alusão ao faz de conta, eu queria fazer de conta que aquilo não estava acontecendo comigo, muito menos com meu filho. Queria poder dormir para acordar daquele pesadelo. Queria sumir.

Não sumir no sentido de abandonar, mas de poder ir para outro mundo, onde esses problemas não existissem. Mas além de não ser possível, esse é o modo mais rápido de se "resolver" um problema. Fugindo dele. Mas, também, o menos inteligente, pois fugir não acaba com o problema, apenas o afasta por um tempo, ou adia a solução.

É mais difícil enfrentar, sim, mas é mais inteligente. Enfrentar não exige apenas ter disposição para fazê-lo, mas também – e talvez seja o primeiro passo – reconhecer que o problema existe. Está lá.

Li o fato de muitos pais, em um primeiro momento, não aceitarem o problema de seu filho. É a fase da negação. Negar que algo esteja errado. Fugir. É uma reação normal. Todos passam por ela talvez. O que vai diferenciar é o tempo, o período pelo qual você vai demorar a superá-la. Li o relato de pais arrependidos, que demoraram um ano, dois, três, quatro, até cinco anos para encarar e aceitar a ideia de que o filho tem algum problema e que precisa de ajuda. O prejuízo é sempre da criança, pois no caso do autismo principalmente, quanto antes haja o diagnóstico (ou a simples suspeita), antes se inicia a intervenção e as chances de recuperação são maiores. Pode-se dizer que a relação dessa chance de recuperação sobre a idade da criança é inversamente exponencial. Não se pode perder tempo! É preciso agir o quanto antes. Já!

Não deixe de avisar um pai ou um profissional sobre sua desconfiança em relação a alguma criança. Se você vê essas características, ainda que seja apenas uma, vale uma investigação em um especialista. Melhor perder tempo com uma investigação que possa resultar na constatação de um bebê com desenvolvimento típico, do que perder o tempo de a criança recuperar-se. Pode ser difícil dizer algo assim a um pai ou a uma mãe. Você não sabe como sua observação será recebida nem se será aceita, mas não deixe de avisar. Isso poderá fazer a diferença entre uma criança ter um sério comprometimento comportamental e até mesmo ser uma criança típica, sem qualquer vestígio de autismo ou qualquer TGD.

O ideal é você não fazer de conta de que não está vendo.

12

Agir, amar e não julgar

É muito difícil explicar a experiência de se constatar que seu filho está com algo errado em seu desenvolvimento. Naquela noite em que pesquisei muito sobre o autismo, tive lampejos de esperança de que nada pudesse estar errado. Tive esperança. Mas fui realista e perdi aquela batalha. Naquela noite, o autismo me venceu. E chorei a derrota. Doeu. Pior que chorar por mim, foi chorar pelo meu Giovani.

Tive, sim, meu momento de negação, quando não admiti qualquer problema com ele, mas durou muito pouco. Minutos.

Admitido o problema e com a decisão de enfrentá-lo, é preciso também buscar ajuda. Profissional e pessoal.

A ajuda profissional deve ser de início um pediatra de confiança e, certamente, também um neuropediatra, que é o médico especialista em neurologia infantil e da juventude. Eles farão os primeiros exames e poderão dar um rumo no diagnóstico e, o principal, iniciar as intervenções o quanto antes, possivelmente com psicólogo e fonoaudiólogo, quiçá outros profissionais dependendo da opção de tratamento.

A ajuda pessoal também é muito importante, essencial, eu diria, pois sozinho não será possível ajudar sua criança. É fundamental que a família e as demais pessoas do seu convívio mudem de atitude e sejam orientados por você sobre a maneira como lidar com a situação e como estimular a criança – claro que, para isso, você terá a orientação dos profissionais.

Não bastará apenas que aceitem que a criança é diferente em relação a seu desenvolvimento, mas será necessária uma mudança grande de atitude, tanto para potencializar o estímulo como para desestimular os movimentos repetitivos de maneira correta.

Importante também deixar a terapia para os profissionais, para que a criança não passe as 24 horas do dia em terapia. Pais, avós, tios e amigos podem, sim, ajudar, estimular, ensinar a brincar com a função correta de cada brinquedo, incentivar a socialização, o contato com outras pessoas e crianças, estimular a fala, a linguagem corporal e a expressão facial... mas têm de tomar cuidado para não aplicar este ou aquele método ou técnica o tempo todo, sem naturalidade, para manter a criança sob treinamentos ou terapias. O não exagero deve ser uma regra.

Os que amam a criança devem lembrar que uma das mais avançadas e eficientes maneiras de ajudar em qualquer problema, leve ou grave, é o amor. Ame e demonstre esse amor, não desista disso jamais. Os resultados da terapia do amor são indiscutíveis e descomunais. Essa terapia, sim, deve existir 24 horas por dia.

Amar não significa fazer todos os gostos. Educar também é uma forma de amar. Talvez você tenha até a tendência de ser menos rígido com uma criança com autismo, mas o recomendado é que seja exatamente o contrário. Para eles, é você quem deve deixar ainda mais clara cada regra. E a reação, tanto para os erros quanto para os acertos, deve ser exagerada, pois outra dificuldade da criança com autismo é perceber a expressão facial. Quando ficar feliz, ficar em exagero. Quando ficar bravo, que seja em exagero. Quando ficar surpreso, que seja fora do comum. Caretas, bocas e expressões têm papel fundamental para que comecem a lidar melhor com as emoções do outro e suas próprias.

Preconceito

Outro ponto em que você infelizmente terá de pensar em começar a lidar é o preconceito. Sim, ter uma criança especial significa ter de lidar com o preconceito dos outros.

Por mais que se diga (o clichê) que "o normal é ser diferente", quando se é muito diferente, isso desperta olhares e atitudes que algumas vezes poderão causar-lhe sentimentos que vão do desconforto à revolta.

Se você sempre fez parte das maiorias e nunca teve de lidar com isso, prepare-se, pois não é fácil.

Muita gente poderá ver você chamando seu filho que está gritando e ele não atender seu chamado, aliás, poderá nem se dar conta de que você está no mesmo ambiente, e achar que você é um pai mole, sem pulso e que não educa seu filho. Isso poderá ser dito a você com olhares de reprovação ou mesmo com todas as letras. Isso acontece, infelizmente, porque as pessoas não se colocam no seu lugar e tomam como realidade a hipótese de que ela acabou de imaginar. O filho berra, o pai repreende e o garoto nem dá bola. Resultado: o pai deve ser um "banana" e o garoto, um mimado. Hipótese imaginada e tomada como fato.

Talvez até mesmo você pode já ter passado por situação semelhante e feito esse julgamento, mas uma das primeiras coisas que se aprende com filhos especiais é a não julgar ninguém. Alguém já disse "não julgais para não serdes julgados", mas não há nada como aprender na prática, vivendo a situação. Quando se aprende dessa forma, é para sempre, pode ter certeza.

13
Regredir, pior que não progredir

Parecia que meu filho não tinha quase nenhuma dessas características até 1 ano de idade...

Continuando a pesquisar naquela madrugada – quando já era dia 27 de março de 2009, pois passava das duas horas da manhã, na primeira vez que me dei conta do horário –, encontrei diversos relatos de pais que contavam terem tido bebês com desenvolvimento típico até certa idade e, de repente, os filhos acordavam com várias características do autismo.

Você pode imaginar isso? Estar tudo bem com seu bebê e, do nada, ele acordar com algo de errado. Inclusive regredir em habilidades que já havia aprendido? Pois isso é outro fator comum em casos de autismo. Confesso que não sei se esses bebês eram mesmo 100% com desenvolvimento típico, sem nenhum desses sutis sinais do autismo, mas que algo regrediu, acredito plenamente. Há pais que relatam essa regressão após a criança tomar a vacina tríplice viral, porém isso ainda não tem confirmação e é uma história ainda polêmica e controversa. Não entrarei nesse assunto.

Foi nesse momento que pensei em algo que meu filho fazia há algum tempo e naquele momento não tinha mais aquela habilidade. Ele fazia tchau, acenando quando alguém ia embora; falava "papá" e "mamã" – para a mamãe falava consciente, para mim nunca sabia se era "papá" de papai ou "papá" de comida, mas falava; fazia "não" com a cabeça quando pedíamos; e batia palmas – ainda bem que filmamos seu primeiro aniversário para registrar as palmas durante o "parabéns", senão eu mesmo poderia duvidar de que ele fazia essas coisas.

Naquele momento, não fazia mais nada daquilo. Parecia ter evoluído quase normalmente até o primeiro ano e, em algum momento entre o primeiro aniversário e alguns meses atrás, havia perdido todas essas habilidades. Era assustador pensar nessa regressão toda, pois poderia haver mais! O que mais meu filho ia parar de fazer?

Comecei a ler os relatos de situações como essas e cada vez ficava mais impressionado. Pais que narravam uma criança com desenvolvimento típico até os dois anos; até os três ou quatro anos. Cinco. Sete. Doze! Doze sim! O relato de "surgimento" repentino de autismo com idade mais avançada que encontrei foi com uma criança de 12 anos. Você pode colocar-se no lugar desses pais? Um filho que fala e convive socialmente e aos 12 anos acorda autista! Repito que confesso não ter certeza do quão típico era o desenvolvimento dessa criança, mas é sem dúvida aterrorizante. Principalmente pelos relatos desses casos com mais idade que são, em sua maioria, de uma mudança radical e repentina, de um dia para o outro. Quase todos usam o termo "meu filho acordou autista no dia seguinte".

Se você ainda não é pai ou mãe, não saberá a dimensão do que isso significa. Mas se é, pode até imaginar o que isso representa. Saber mesmo o quanto isso dói, só para quem passou por essa situação, seja uma regressão por alguma doença ou desordem cerebral, seja por sequela de algum acidente. Regredir é sempre pior que não progredir.

Portanto, essa é outra característica que pode não parecer, mas também é sutil em bebês. O bebê parar de fazer algo que havia aprendido pode ser um simples desinteresse momentâneo para essa ou aquela habilidade, ou esse ou aquele movimento, ou palavra. E para quem não estiver atento ou, ainda, seja inexperiente com crianças, isso pode passar despercebido ou não se dar a devida importância.

O ideal é sempre estimular os bebês para que façam o que já aprenderam, como se você estivesse fazendo uma prova prática, ou uma "chamada oral", para revisar as habilidades dominadas até aquele momento.

Ainda que se recusem, vale a pena tentar tudo de novo no dia seguinte. Mas se perceber que alguma habilidade realmente não existe mais, ligue o sinal de alerta. Se isso vier acompanhado de alguma das características que citei anteriormente, não perca tempo tentando se convencer de que não há nada de errado, mas se for somente a perda isolada de alguma habilidade, observe mais. Fique atento.

Também pode ser, sim, sinal de outros problemas, mas não se desespere em nenhum dos casos. Manter a calma nos faz mais racionais e bloqueia menos a inteligência, mesmo que você esteja no seu estado máximo de preocupação.

Quando um rápido filme passou em minha mente naquela madrugada, percebi que meu filho havia regredido em várias habilidades. É natural que se pense no pior, que essa regressão não parou e que poderá devastar ainda mais o desenvolvimento do bebê. É natural que se pense o que até aquele momento era muito ruim, poderia ficar ainda pior. Enquanto a preocupação de meses atrás era em relação à fala de meu filho, quando me dei conta de que ele já havia falado "papá" e "mamã" e não falava mais nem isso, lógico que fiquei imaginando o que mais ele pararia de fazer. Lógico que naturalmente desejei perder eu habilidades para ceder isso a ele. Juro que desejei isso. Aliás, é em momentos como esses que se percebe o que realmente significa a expressão "amor de pai" ou "amor de mãe".

Cheguei a propor a Deus que tirasse de mim o que faltava a meu filho. Dar-lhe habilidades em detrimento das minhas. Cheguei a oferecer minha vida. Sincero. Queria ser o Jesus Cristo de meu filho naquele momento. Morrer para salvá-lo, mas não é simples assim. Deus não aceita esse tipo de "troca". Foi um momento de desespero. Foram minutos angustiantes, que se não houvesse ali o relógio para me desmentir, diria que fiquei um ou dois dias naquela cena, naquela "negociação", naquele momento em que fazia um exercício de imaginação para tentar pensar o que eu poderia fazer para transplantar minhas habilidades no pequeno Giovani.

Cadê aquele meu filho que estava aqui ontem? Foi como se ele tivesse dormido sem problema algum e acordado autista. Eu não estava preparado. Definitivamente, eu não sabia como lidar com aquela tão nova e assustadora realidade. E, para complicar ainda mais a situação, minha esposa estava grávida de sete para oito meses de gestação da nossa Samanta.

Como dar uma notícia dessas a uma grávida? Como dizer? Ou melhor: dizer ou não dizer? O que fazer? Para onde correr? Queria fugir... Sumir...

Foi um dos mais angustiantes momentos daquelas últimas 10 ou 12 horas, desde a conversa com o padrinho do Giovani, quando me alertou de que algo poderia estar errado com meu bebê. Coragem a dele. Isso não é nada fácil de dizer a um pai ou a uma mãe. Mas se esse é seu caso, se você sabe de alguém que precisa ser alertado, faça-o já. Pense em uma boa estratégia, seja prudente, use as palavras corretas, mas não deixe de alertar ou de dar um toque.

Nunca sairá da minha mente quando o padrinho do Giovani, meu amigo, logo após eu ter dito que estava preocupado com o garoto que parecia ter um problema, não de fala, mas de comunicação, pois não me pedia nada, nem com gestos, me fez ele a seguinte pergunta: "Você já pesquisou algo sobre autismo?" – essa pergunta repete-se involuntariamente em meu cérebro a cada vez que me pego pensando no problema de meu filho. Abençoado momento aquele. Difícil, mas abençoado. Atordoou-me por vários dias, mas consegui reagir.

Naquela tarde, ele me falou sobre algumas coisas básicas, como a característica de não olhar nos olhos. E na busca por pesquisar aquele assunto o quanto antes tive de esperar minha esposa dormir para mergulhar nesse mundo pela primeira vez, inicialmente pela internet. O momento em que constatei a regressão foi sem dúvida o pior. Só consegui retomar meu otimismo e acalmar-me quando percebi que na imensa maioria havia relatos de regressões assustadoras, mas que se cessavam logo. Depois de regredir uma vez, apesar de em muitos casos as perdas serem sérias e comprometedoras, eram quase sempre únicas. Devastadoras, horripilantes, mas breves.

Negação

Foi nesse momento também que tive meus dois ou três minutos de negação.

"Aquilo tudo não podia estar acontecendo", pensei. Devo estar exagerando, imaginando o que não existe... Mas voltei logo à inegável realidade. Vi-me em um turbilhão de sentimentos e confusão em minha mente.

Dor. Insegurança. Medo. Pavor. Negação. Dúvida. Incerteza. Ansiedade. Incapacidade. Mais dor. Vontade de desaparecer. Querer que tudo fosse apenas um pesadelo. Dor na alma, como nunca havia sentido. Dor pelo problema não ser comigo, e sim com meu filho. Vontade tomar seu lugar. Respiração ofegante. Angústia, angústia demais. Angústia que dava para sentir bloquear meu diafragma. Desejo de gritar. Raiva por não poder voltar no tempo. Raiva de mim mesmo por não ter percebido antes. Temor por não estar preparado. Fraqueza. Pernas moles, sem reação. Suor frio. Perplexidade.

Não pude conter-me. Tentei. Mas não fui capaz.

Chorei.

Choro de novo ao relembrar isso neste momento em que escrevo. Impossível reviver aquele momento sem emoção.

Em seguida, implorei a Deus por um milagre. Ajoelhei-me. Orei. Aos 7 anos, no catecismo da igreja católica, jamais me esqueço quando uma professora me explicou o que significava invocar a Santíssima Trindade. Ela contou que uma família estava em uma carroça quando o cavalo disparou e a rédea rompeu-se, deixando a carroça descontrolada. Quando estava muito perto de um penhasco, um garoto pediu: "Invoco neste momento, a Santíssima Trindade", quando imediatamente o cavalo parou a beira do precipício e todos escaparam de uma grande tragédia.

Não tive dúvida. Disse a Deus: "Me ajude, Senhor, porque minha carroça está rumo ao penhasco. Invoco neste momento, a Santíssima Trindade – Pai, Filho e Espírito Santo". Foi quando comecei a retomar o controle. E, ainda com medo, decidi enfrentar. Senti-me tocado e consegui me acalmar.

Aquela informação da regressão fazia sem dúvida a minha "ficha cair". Era a gota d'água. Não tinha certeza de mais nada naquele instante. Só uma coisa era certa e repito: regredir é imensamente pior que não progredir.

Capítulo 13,5

Ah, serei feliz quando conseguir comprar aquele carro. Serei feliz quando puder ter aquela casa. Vou ser feliz quando fizer aquela viagem... Serei feliz...

Pare de querer a felicidade no futuro. Seja feliz já!

Viver com uma criança especial, seja qual for seu comprometimento, remete muita gente a pensar o que será daquela pessoa daqui a cinco, dez, vinte, quarenta anos... Vai ter independência? Vai estudar? Até quando? Como? Vai casar? Vai falar? Vai? Vai? Vai?

Não sei.

Mas ficar com a cabeça lá no futuro não vai ajudar muito. E jogar suas expectativas para adiante só lhe dará angústia e lhe tirará o foco do presente, que é quando você realmente pode agir e mudar seu futuro.

Não estou dizendo para não fazer planos. Não estou fazendo apologia à ausência de planejamento. Não estou querendo que você pare de fazer economias para o futuro, muito menos que não pense no amanhã e prepare-se para ele.

O que digo é que não ajudará muito ficar focado no futuro e criando expectativas que possam não se confirmar e serem uma frustração a mais. Lógico que é impossível não pensar no futuro, não se questionar "como será?" lá na frente. Mas não se pode ficar preso a isso. Não se pode tornar isso uma obsessão.

Viver o presente e, de certa forma, "não esperar nada" do futuro pode ser uma valiosa fórmula para alcançar a felicidade hoje e não esperá-la chegar não sei quando.

Você estará vivo amanhã? Eu estarei? Estaremos? Não podemos responder, muito menos garantir.

Portanto, pensar no presente. E agir no presente! Isso sim pode mudar seu futuro. Pense hoje, faça hoje, curta hoje, seja feliz hoje. Não espere para isso.

Uma frase que repito muito à minha esposa e que nos ajudou muito a não criar expectativas altas demais é: "Um dia por vez", que repito quase que diariamente. Vivemos um dia por vez.

Quando começamos a fazer planos muito lá na frente e a pensar como será daqui a X anos, paramos e dizemos "Um dia por vez".

Focar no hoje lhe ajudará muito a auxiliar sua criança nas dificuldades presentes, que são as que realmente importam. E é mudando o hoje que teremos um amanhã melhor.

Pense que o que temos realmente é sempre o agora, o presente, pois o passado já se foi (e precisamos aprender com ele, tirar ensinamentos com cada experiência) e o futuro virá (será?) enquanto continuarmos vivos, então o que realmente temos e podemos usufruir é do presente, o hoje.

Não espere aquela meta ou aquele desejo realizado para ser feliz. Veja as coisas pequenas, veja os momentos agradáveis de agora, dê valor nos instantes de felicidade, afinal a vida não é feita de grandes eventos e de acontecimentos espetaculares. A vida é feita de pequenos e simples momentos. Ainda que aconteça algo fantástico, quanto tempo durou frente às 24 horas do dia, frente à semana, ao ano... A vida está cheia mesmo é de pequenos momentos, às vezes insignificantes aos olhos da imensa maioria. Valorize você seus pequenos momentos e seja feliz já! E isso talvez não tem nada a ver com autismo.

Para isso, ligue o botão do Dane-se! Não sabe o que é isso? Ok, explico.

Sabe quando você vai a um supermercado com seu filho autista e, do nada, ele faz aquela birra e quer ir embora no meio das compras, mesmo que seja uma compra de cinco minutos, de meia dúzia de produtos? Aquele momento em que seu filho inexplicavelmente está incomodado com algo que ele não consegue lhe dizer ou demonstrar e entra em crise, chorando como se tivesse levado uma surra?

Então, quando você olha em volta tem um monte de gente te olhando, te julgando, te reprovando, isso quando não tem alguém que lhe diz que você deve estar maltratando a criança, ou o contrário, que aquele menino precisa é umas boas palmadas para aprender a ter bons modos. Ou ainda que ninguém lhe diga nada explicitamente, lhe dizem no olhar, seja de estranheza, seja de condenação.

É esse o momento de ligar o botão do "Dane-se!" e pensar, "estou pouco ligando para o que estão pensando". Parece até um pensamento de revolta ou de rebeldia, mas eu prefiro dizer que é de liberdade.

Se você se chatear com esses olhares, jamais voltará a levar sua criança ao supermercado e, aos poucos, vai começar a deixá-lo sempre em casa, o que pode piorar ainda mais sua tolerância para ficar em um ambiente público e de convivência com pessoas estranhas. Você pode entrar em um ciclo de fechar-se ainda mais, o que só vai prejudicar seu filho (e você).

Ligar o "Dane-se!" significa levar seu filho novamente ao supermercado, ainda que ele faça aquela mesma birra trinta vezes. Lógico que você deve tentar identificar o que fez iniciar a birra, o que causou, tentar entender a situação para resolver o problema.

Isso lhe ajudará a manter a liberdade de sair com sua criança e de agir conforme ele precisa naquele momento, seja o ambiente que for, e não como aquele lugar ou situação exige. Se precisar sentar no chão do supermercado para mostra algo à criança, sente. E não se importe com os que olharem estranho para você.

Também não estou dizendo que você deve ligar o Dane-se e perder o bom senso. Se seu filho está em um dia agitado, fazendo birra e gritando a todo momento, não seria de bom senso levá-los a um concerto de música clássica, onde se exige silêncio total. Ou, em um dia em que está muito irritado, levá-lo a uma exposição de esculturas de vidro. A sensatez deve estar acima de tudo, mas não vale perder a liberdade (e deixar de sair com sua criança) em razão de ficar preocupado com o que "os outros" vão pensar.

Ligue o "Dane-se!" e toque a vida conforme seu filho precisa e sua sensatez manda, e seja feliz!

14
Criança gosta de criança

O fator do comprometimento na socialização ainda não estava tão evidente por não termos visto muitas situações do nosso filho entre outras crianças. Mas duas semanas depois daquela fatídica tarde, noite, madrugada, enfim, depois de ter mergulhado nesse mundo do autismo, estava marcada a primeira reunião na escola, onde havíamos o matriculado há pouco mais de um mês.

O relato da professora, contando-nos que o Giovani não interagia com nenhum coleguinha, foi mais uma confirmação. Não esperávamos, naquele momento, ouvir nada diferente, mas uma surpresa agradável dizendo o contrário seria muito bem-vinda. Mas não foi assim.

Ele não procurava outros amiguinhos para brincar. Isolava-se. Gostava de brincar sozinho. De correr sozinho. De ver livros sozinho. Enfim, o mais antissocial possível. Como era o menorzinho da sua turma, os outros colegas insistiam em ajudá-lo nas tarefas do dia a dia daquele início de vida escolar. Mas nada de ele interagir.

A professora disse ainda que todos tentavam levá-lo para as brincadeiras ou mudar a brincadeira para o local onde ele estava. O Giovani, porém, "fugia" daquele contato social. Em alguns momentos, mais adiante, passou a abraçar alguns amiguinhos em raras ocasiões, mas nada mais que isso.

Esse é um comportamento muito evidente, principalmente entre crianças da mesma idade. Comportamento nada típico, pois as crianças, apesar da idade e momentos de egocentrismo e até egoísmo, interessam-se por seus semelhantes.

Portanto, o desinteresse pelas demais crianças é sem dúvida outro sinal para ligar o botão de alerta. Aliás, um dos principais, pois é esse talvez o maior comprometimento do autismo, o da socialização. Possivelmente seja esse o maior causador de outros sinais, ou melhor, tenho dúvida se é causa ou consequência, pois se a criança tem comprometimento da linguagem, seja oral, seja gestual ou simplesmente da expressão facial, seja para "enviar" ou "receber" essa comunicação, isso a torna incompatível para responder de forma adequada ao ambiente social. Quem não responde adequadamente, isola-se dos demais naturalmente. Por outro lado, se a criança não se socializa, não interage, não consegue perceber o "outro", seu semelhante. Até mesmo não se dá conta da existência do "outro". Nesse caso, interagir, socializar-se, com quem? Se não há o outro – ou se o outro não me importa –, por que o observar? Por que ainda o imitar? Como imitar o que nem "vejo"? Cito "vejo" no sentido de dar importância, pois a criança com autismo "percebe" mais os objetos que as pessoas, lembra-se?

Então, se seu filho, em um ambiente com outras crianças, principalmente com as que tenham a mesma idade que a dele, não interage, prefere brincar sozinho e não se interessa pelo outro, porém olha um objeto e é capaz até de tomá-lo de outra criança, observe mais e aperte o botão de alerta da sua mente. Se não for seu filho e precisar avisar isso aos pais, perceba se alguma dessas outras características dos capítulos anteriores está presente e, em caso positivo, encha-se de coragem e bom senso e... alerte-os já!

Não é típico esse comportamento antissocial, pois criança gosta de criança.

15
Tecnologia para o bem

Ah, como deve ter sido imensamente mais difícil para os pais de 5, 10, 20 anos atrás. Sem a internet, a informação era raridade, artigo de luxo e preciosidade quando encontrada.

Pesquisas? Só em bibliotecas. E quais delas têm informações médicas? E informações em linguagem acessível, sem estar em "mediquês" técnico e denso? Era como achar agulha em palheiro.

Quem ainda não assistiu ao antigo filme *Son-Rise: a miracle of love*, que no Brasil foi lançado com o título *Meu filho, meu mundo*, assista. Lá se vê como era ainda mais complexo diagnosticar e tratar o autismo. Muitos profissionais sugeriam até sessões de choques elétricos. Absurdo. Mas era o que havia na época. E isso nos Estados Unidos, país muito mais avançado que o Brasil.

Imagino o quanto a dor desses pais deve ter sido maior. A luta, mais cansativa. A esperança, mais exigida. A perseverança, mais exercitada. Indiscutivelmente, verdadeiros heróis.

Sou muito grato por estar vivendo esta difícil fase da minha vida em tempos de internet. Com a tecnologia a meu favor.

Desde o início, o maior apoio veio com a informação democrática da rede mundial de computadores, que na verdade forma algo mais importante: uma rede mundial de pessoas.

Na internet, sempre tive o cuidado de filtrar as informações, confiando sempre em *sites* de entidades reconhecidas, como grandes hospitais, universidades e organizações não governamentais de renome.

Quando via algo em um *site* ou *blog* suspeito, desconhecido, sem referências, guardava a informação até conseguir obter uma confirmação de alguma autoridade no assunto.

Esse cuidado é essencial para não piorar ainda mais a situação com informações errôneas ou imprecisas.

Aliás, não só na busca em relação ao autismo. Em qualquer pesquisa na internet é preciso usar esses "filtros", pois a democracia e a liberdade que a rede nos dá também nos expõem a esses riscos.

Depois de algum aprendizado, passei a colaborar em alguns *sites* sobre o assunto, mas vi a grande revolução da informação e, mais importante ainda, a troca de experiências – sejam boas ou ruins – nos grupos de discussão ou listas de e-mail.

São grupos de usuários que fazem uma espécie de fórum, livre, sobre determinado assunto. Você inscreve-se e passa a receber as mensagens, e qualquer coisa que você enviar ao grupo, todos também recebem. Lá vi pessoas que não dominavam tanto a tecnologia, a informática e a internet interagirem plenamente apenas sabendo operar um serviço de e-mail.

Aprendi muito. Li mensagens de mães angustiadas; respostas de dezenas de mães levantando o moral das angustiadas. Li sobre gente com dúvida; li também dezenas de respostas a esses questionamentos; e-mails cheios de medos; centenas de encorajamentos; depressões; otimismos aos montes; cansaços; ânimos, ânimos e mais ânimos.

Esses grupos eram a materialização da solidariedade digital.

Não uma solidariedade superficial, distante, intocável. Na minha primeira dúvida, uma mãe ofereceu-se para que eu ligasse para ela. E, quando liguei, fiquei duas horas no telefone. Ela, sempre solícita, bondosa e animada. Agradeço-lhe imensamente, Tati.

Era a compaixão, o sofrer junto, sem fronteiras, aproximado pela tecnologia. Gente do Maranhão recebendo dicas de gaúchos. Pais do Rio de Janeiro sendo consolados e animados por amazonenses. Os estados brasileiros tornaram-se como "bairros" conectados, tecnologicamente próximos, digitalmente vizinhos. Gente dos Estados Unidos orientando brasileiros no interior como eu.

Lógico que a internet, como qualquer outra tecnologia, pode ser usada para o bem e para o mal. E este exemplo dos grupos não pode ser ignorado para não subjugarmos a web e sua democracia da informação. Dentro da rede de computadores, formou-se uma verdadeira rede de pessoas.

É a informação compartilhada para o bem, para a qualidade de vida dos pequenos, para lutar na tentativa de obter subsídios do governo para tratamentos, novas técnicas, novas abordagens, novos caminhos. E, o melhor, a troca de experiências; de vivências. Uma forma de não se achar um extraterrestre em meio a pais de crianças com desenvolvimento típico. O encontro com pessoas com problemas semelhantes, angústias semelhantes, e – por que não – soluções semelhantes, conforta. Encoraja, dá força e ânimo.

Ouvi, ou melhor, li muitas vezes a expressão "santa internet", de muitos pais referindo-se à oportunidade que seria impensável sem essa tecnologia. Tecnologia usada para o bem.

QR-Code – Grupos a respeito de autismo na internet
http://LivroAutismo04.PaivaJunior.com.br

16
Relatos de alerta

Com a internet a favor, participo de muitos grupos de discussão por e-mail sobre o autismo, em sua imensa maioria formados por pais de crianças com autismo.

Nesses grupos, também chamados de listas de discussão, solicitei alguns relatos de outros pais, exatamente para enriquecer mais e diversificar este meu alerta, com histórias também reais, porém diferentes da minha. São histórias que enfatizam sempre esse momento entre a desconfiança de que algo estivesse errado com o desenvolvimento do bebê e o momento em que a "ficha caiu" e esses pais começaram a efetivamente agir.

Os nomes são fictícios nos relatos a seguir, a fim de proteger a privacidade dessas pessoas que decidiram se expor para o benefício de outros, para dar esse alerta.

São relatados, muitas vezes, alguns tipos de tratamentos. A ideia deste livro não é mostrar qual tratamento ou intervenção é melhor ou pior. Muito menos julgá-los. A orientação médica é imprescindível e a pesquisa dos pais sobre o assunto ajuda muito nas decisões a serem tomadas durante o tratamento – o que não são situações raras e carregadas de imensa responsabilidade. Portanto, não leve em conta os tratamentos citados, mas o empenho para chegar ao ponto de aceitar o problema e tratar seu bebê.

Outro ponto importante a ser destacado: é preciso conhecer e "estudar" o autismo da sua criança. Além de cada pessoa ser diferente, o autismo também se manifesta de maneira diferente em cada ser, o que torna a síndrome muito particular e única. Entenda o "autismo do seu bebê" e trate a síndrome dele. Se você ler algo que comece dizendo "todo autista..." pare de ler. Não existe essa de "todo autista...", cada um é cada um. E cada autismo é diferente, portanto, os tratamentos devem sempre ser individualizados, específicos para aquela criança (e para aquele momento ou fase da vida daquela pessoa, pois essas necessidades especiais podem mudar ao longo do tempo).

A única regra geral é que o autismo compromete três importantes áreas (nos mais diversos níveis): a comunicação, a socialização e o comportamento.

Eu preferi não relatar aqui os tratamentos que já fiz e os que faço com meu filho para não influenciar jamais em sua decisão, além de incentivar você que lê a buscar conhecer as particularidades de como a síndrome se manifesta em sua criança e fazer seu próprio caminho para tratá-la.

Importante também destacar que muita coisa pode ser feita em casa. Não estou falando em pai e mãe (ou qualquer profissional não habilitado para tal) fazer terapia com a criança, mas de mudança de conduta, mudança de postura e a decisão de assumir que todos – inclusive você – podem fazer a diferença no tratamento. Às vezes, simplesmente brincar, dar atenção, sem nada esperar da crianças, pode surtir grandes efeitos. Um belo exemplo vem da minha esposa, que jamais estudou pedagogia ou qualquer curso na área de educação (ela é relações públicas), além de nunca ter tido qualquer afinidade para o trabalho educacional, passou a adaptar o material escolar para que nosso filho pudesse aproveitá-lo melhor e fez toda a diferença, promovendo uma enorme evolução dele na escola regular. Uma adaptação simples, emplastificando, colocando velcro, recortando, enfim, pequenas transformações no material que provocaram grandes transformações no nosso Giovani – no ambiente escolar e também fora dele.

Voltando aos relatos, todos, sem exceção, enviaram suas histórias com o intuito de compartilhar esses momentos e, em alguns casos, até mesmo seus erros, para que você que me lê, além de tomar a iniciativa de agir, que não vá pelos mesmos caminhos errados pelos quais alguns foram e perderam tempo. Esses pais enviaram seus relatos na melhor das intenções, assim como a minha de escrever este livro. Compartilharam experiência para enriquecer a sua.

Mais relatos estão on-line no endereço contido no QR-Code no início deste capítulo (se você não sabe o que é QR-Code, leia o último capítulo, o **Posfácio**).

QR-Code – Mais relatos a respeito de autismo
http://LivroAutismo05.PaivaJunior.com.br

17

Alan: tratamento, aceitação e fé

Confiante de que vai obter a cura, Cecília, mãe de Alan, descreve o filho como um garoto "que está autista – por enquanto –, e hoje tem 3 anos e 4 meses". Ela faz questão de frisar sempre, transbordando otimismo: "Acredito na cura e é isso que me move".

O relato continua mostrando o que acontece muito comumente entre as famílias afetadas pelo autismo, antes de um pré-diagnóstico:

"Sempre estranhei o atraso na fala e o vício em desenhos animados na televisão, mas nunca imaginei que pudesse se tratar de autismo infantil.

Com 1 ano e meio, os atrasos começaram a me incomodar, nenhuma sílaba sequer era pronunciada. E próximo aos 2 anos, alguns amigos me alertaram e ouvi pela primeira vez a palavra 'autismo' associada a meu filho... Ouvi da boca de amigos corajosos, pois não é qualquer um que tem bravura para falar isso, de dar esse alerta. Disseram-me: 'Olha, pesquisa e corre atrás porque seu filho parece ter algo de diferente!'. Afinal, não era só o atraso na fala, era a falta de contato visual e a semelhança com a surdez – o chamávamos e ele não nos atendia –, além de não brincar com seus brinquedos – que eram muitos, e dos mais variados possíveis. Naquela época, ele não balançava as mãos, mas hoje balança quando está nervoso ou ansioso".

O momento em que se é alertado é chocante e impactante. Alguns demoram a reagir, a agir, mas Cecília foi rápida.

Alan estava com 2 anos. "Corri para colocá-lo em sessões de fonoaudiologia", relembrou ela.

Alan já frequenta sessões de fonoaudiologia há 1 ano e 4 meses. Ainda não fala. Só pronuncia o fonema "a". Há 9 meses começou uma terapia ABA (sigla de *Applied Bahavior Analysis*, que em português traduz-se para Análise Aplicada do Comportamento) intensiva em uma clínica em Botafogo, no Rio de Janeiro. Foi onde os pais começaram a ver resultados concretos.

Logo após, Cecília conheceu o Son-Rise e fez seu primeiro treinamento nessa abordagem. "Faço pouco com ele em casa, mas foi bom pra mudar o jeito de pensar e agir. Alan melhorou muito. Além disso, começamos a dieta sem glúten e sem caseína (esta última, presente no leite e derivados) há mais ou menos 9 meses também, quando fez o teste de alergias alimentares", contou a mãe.

Ela ainda relembra, comemorando: "Antes disso, li muito, muitas horas de internet, baixando vídeos, imprimindo livros até achar os grupos de discussão por e-mail AutismoTratamento e SonRise_Brasil, onde encontrei as maiores preciosidades em termos de ajuda, pessoais e materiais. Santa internet!, que nos permite tanta troca de informações".

Hoje, Alan melhorou o contato visual, já entende algumas coisas, apesar de não falar, já se comunica com gestos, enfim, ele está caminhando. "Faz fono, terapia ABA todos os dias, natação e terapia lúdica (tipo Son-Rise) duas vezes na semana. Faço Son-Rise em casa quando posso, ele faz a dieta SGSC (sem glúten e sem caseína), toma suplementos vitamínicos e homeopáticos", enumerou a mãe de Alan.

Quando perguntei sobre o momento entre desconfiar que algo estivesse errado e a "ficha cair", a resposta foi contundente: "na verdade, a ficha não caiu até hoje. Aceito que ele tenha autismo, mas luto para que ele se livre disso e seja independente, nem que para isso tenha de me virar de ponta cabeça ou fazer o mundo girar ao contrário", disparou.

"Foi difícil começar a conhecer o autismo. Fui verificando que Alan se encaixava nas características e antes que qualquer profissional me dissesse, virei para meu marido e disse: 'Alan tem todas as características'. Aí fomos ouvir a opinião de uma neuropediatra. Ela confirmou. Chorei, me perguntei 'por que eu?'. Exclamei 'Com meu filho não!'. Foram muitos momentos de choro em baixo do chuveiro para ninguém ver. Ainda hoje, confesso, um 1 e 8 meses após essa 'pedrada na cabeça', o desabar do mundo em cima de nós, porque isso é quase uma bomba na cabeça, eu ainda me pego triste ao ver crianças da mesma idade conversando com a mãe, brincando com outras crianças, mexendo em brinquedos, pedindo ajuda, falando, falando... Bate uma tristeza... Não queria que meu filho tivesse tantas dificuldades... Mas ele é muito, mas muito, amado, muito mimado e agora até se irrita quando é contrariado, está começando a demonstrar seus sentimentos e as terapeutas gostam... Felizmente, ele tem apresentado melhoras enormes, mas a luta é intensa, é dura, é diária, são 24 horas pensando e respirando possibilidades, médicos, profissionais, ouvindo opiniões de quem conseguiu melhoras fundamentais. Gosto muito da troca de experiências e conversar com outras mães é tudo de melhor que pode existir. É uma classe muito unida essa das mães e pais de autistas no Rio.

Para mim, que sou ansiosa, tudo é para ontem. Por isso, esperar pela recuperação do Alan é uma angústia que tento vencer a cada dia, cada vitória uma enorme alegria e sentimento de que estamos cumprindo nossa missão. Mas começamos na hora certa, ele é novo, começou as terapias com 2 anos e meio e está indo bem. A incerteza da vitória é angustiante, mas a fé nos faz continuar e acreditar até no impossível".

18
Ugo: sem H, mas com amor

Outra história interessante é contada por Úrsula, sobre seu filho Ugo, assim mesmo, sem H: "Meu filho hoje é um adulto de 19 anos. Foi diagnosticado precocemente aos 2 anos e 7 meses, pelo psiquiatra Francisco Assumpção, do Hospital das Clínicas, da Universidade de São Paulo (USP), em 1992 – época das 'trevas' para mim, pois ainda não existia a internet e nenhum tipo de atendimento, não tínhamos condição de ir aos Estados Unidos, nada existia nesse período! Ficamos batendo a cabeça por anos seguidos! Mas isso é outra história", lembra ela.

"Eu achei Ugo diferente desde que voltei da maternidade. Ele não dormia as 20 horas por dia, como um recém-nascido. Dormia 8 horas no máximo. Eu estava sozinha, sem ninguém para me ajudar em casa, e isso me causou problemas por causa do serviço doméstico. Porém, como tinha lido que existiam bebês que sofriam de insônia, achei que poderia ser o caso, mas ele tinha distúrbio do sono mesmo. E chorava demais, sem causa aparente (já tinha um filho de 2 anos e meio e sabia mais ou menos como era)."

Aos 5 meses, chegou o inverno, e como as madrugadas eram geladas, Úrsula colocou pela primeira vez um macacão com pezinho no Ugo. Ele ficava puxando, tentando tirar, desesperado. Úrsula deu mais detalhes sobre esse marcante dia: "Ele chorou por quase 2 horas, eu fui bem 'carrasca'. Não tirei mesmo, pensando no frio da madrugada, mas aquilo me marcou como um comportamento estranho. Do segundo dia em diante, não estranhou e deixou pôr o macacão".

Ugo continuava com o distúrbio do sono, demorava muito para dormir: "Às vezes ficava balançando com ele na rede, 11 horas da noite, na garagem, no frio, tentando fazê-lo dormir. Ele jamais dormiu no carro! Qualquer criança, ou bebê, dorme durante o trajeto, viagens de 2 horas ou mais, ele nunca dormiu, permanecia acordado do começo ao fim, aquilo para mim não era normal".

Ugo começou a andar mais ou menos aos 11 meses, aí começou a se retrair, o lado social já demonstrava prejuízo. Segundo a mãe, na festa de 1 ano, nem ligou, daí em diante Úrsula ficou de olho, já desconfiada de que algo poderia estar errado no desenvolvimento do filho.

"Bom, começamos a correr atrás quando ele tinha 1 ano e 9 meses, porque minha sogra adoeceu e ela foi a prioridade naquele momento, e o diagnóstico demorou porque parte de um exame importante era em um hospital público, que entrou em greve, depois o equipamento quebrou... enfim", contou Úrsula.

Questionei Úrsula sobre a maneira como chegou à conclusão de que havia um problema de desenvolvimento com Ugo e sobre quem lhe deu o alerta que motivou a ida aos médicos por esse motivo. Ela relembrou emocionada:

"Eu acredito que fui um caso único (até agora), pois ninguém me alertou sobre isso. Eu desconfiei que algo não estava normal, talvez porque já tinha um filho mais velho e sabia das etapas de desenvolvimento de uma criança típica, mesmo com as diferenças de gênios. E também tinha um conhecimento bem superficial a respeito de autismo. Aí resolvi procurar ajuda médica, rezando para que me dissesse que aquilo era só uma 'fase' que 'ia passar...' e que conhecia 'um montão de crianças assim...', mas não foi o que aconteceu".

Ela foi primeiro a um otorrinolaringologista – só para descartar a hipótese de surdez – e teve esperança de que poderia sair de lá ouvindo aquelas frases que citou antes. No entanto, saiu de lá com um montão de guias: para psiquiatra, neurologista, um montão de exames etc., e ainda ouviu do médico: "Não se preocupe com seu filho, ele é lindo e saudável, se os exames acusarem alguma anormalidade, a medicina está muito avançada, temos recursos surgindo a toda hora, e temos diversas escolas de ensino especializadas".

Úrsula relembrou aquela difícil etapa: "Anos depois, eu interpretei isso: ele viu na hora que meu filho era autista, e já quis me preparar, mas não falou nada, porque não era da área dele. E aí já viu, fizemos um montão de exames, passamos por vários médicos e minhas suspeitas foram confirmadas. Olha, nós aceitamos de imediato e fomos à luta, o que eu não aceitei foi a palavra 'incurável', mas como é que eu e meu marido, duas pessoas boas, que nunca fizeram mal a ninguém – a única coisa que a gente conhecia na vida era estudo e trabalho, e trabalho duro! –, filhos de imigrantes japoneses, trabalhamos no cabo da enxada até os 18 anos, na lavoura, mas nunca deixamos de estudar. Como Deus podia nos dar um filho assim? Questionei muito e cheguei até mesmo a me revoltar. Atrás de cura, fui a tudo quanto é 'buraco' que você possa imaginar. Cinco anos depois desse delicado momento, Úrsula reformulou sua interpretação para aquela situação:

"Um dia caiu a ficha do 'incurável'. Conscientizei-me de que Deus não me achava digna de conceder a graça do milagre da cura. Mas nunca deixei de pesquisar, atualizar-me, informar-me, mas com a vida seguindo seu curso, e com paz no coração". Permita-me, Úrsula, discordar de um pedaço: talvez (e digo talvez, pois respeito a crença de cada um) Deus saiba o que é o melhor para a vida de sua família. Um filho típico, por exemplo, pode não ter te ensinado valores tão importantes para a vida e a valorizar pequenas vitórias do dia a dia. Isso pode não ter a ver com Deus lhe achar digna ou não de um milagre, mas de vários pequenos milagres diários. E não se prenda em querer a cura, queira ser feliz!

Úrsula ainda encerra seu relato com uma mensagem ao Ugo: "Hoje só tenho algo a dizer pro Ugo: Meu filho, meu amor é incondicional. Eu queria que você fosse igual ao Ulisses (meu filho mais velho), fosse para a faculdade, namorasse, e tivesse um montão de amigos. Mas quero dizer, que te amo pelo que você é. Não pelo que eu gostaria que você fosse!", diz ela com voz embargada e sorriso de orelha a orelha.

19
Tiago: aceitação e autismo

Renata, mãe do Tiago, garoto autista de 5 anos, enviou-me o relato que ela intitulou "Aceitação e autismo", chancelado por muitos pais que disseram ter sentimentos semelhantes aos delicadamente descritos a seguir por ela.

"As pessoas se casam e fazem planos de vida a dois. Na maioria das vezes isso inclui ter filhos.

O desejo de ter um filho vem arraigado com uma série de outros desejos. Ou seja, criamos grandes expectativas em relação ao filho, mesmo antes do nascimento. Criamos expectativas quanto ao sexo, quanto às características físicas e, principalmente, quanto ao ser 'normal'.

É comum quando um casal está grávido, quando se pergunta opção de sexo, responder: 'Tanto faz, desde que venha com saúde'.

Existem alguns tipos de síndromes, más formações e doenças que são impactantes desde o nascimento, ou seja, percebíveis logo após o nascimento ou nos primeiros meses. Nesse caso, as expectativas são destruídas muito cedo e o luto vem, pelo filho que não chegou como se esperava, e ao longo do tempo cada casal vai reagindo a sua forma a esta situação.

Em se tratando de autismo, na maioria das vezes, continua-se sonhando com aquele filho que sempre quis ter, por muito mais tempo! Quando as dificuldades começam a aparecer e se chega a um diagnóstico, já se passaram os primeiros anos de vida, e as expectativas crescem muito nesse período.

Quando ouvimos a frase: 'Seu filho é autista', e procuramos saber o que isso significa, nosso mundo desaba, nossos sonhos se desfazem, todas as nossas expectativas são quebradas. O nosso jogador de futebol, a nossa médica, o nosso conquistador, o nosso parceiro e os nossos futuros netos desaparecem como fumaça diante de nós!

Isso dói e dói muito!

Aí ficamos um tempo desnorteados, perdidos, chorando a perda do filho que não veio! Ficamos deprimidos, e fazendo-nos a clássica pergunta: 'Por que comigo?'.

Com o tempo podemos reagir de diversas maneiras:

Aceitar, mas não nos conformar e ir à luta pelo nosso filho, mudando totalmente a rota traçada anteriormente e criando novas e importantes expectativas.

Ou podemos negar um diagnóstico a vida inteira, ou ainda lamentar o resto de nossa vida.

Então, eu penso que devemos refletir sobre qual é a posição que queremos tomar em relação ao autismo do nosso filho: se aceitação passiva, inerte; ou aceitação e luta; ou, ainda, lamentação e negação.

E ouse fazer a seguinte pergunta: 'Se pudéssemos trocar de filho, devolveríamos nosso filho autista em troca de outro filho normal?'.

Eu penso que não! Pois o filho que temos é esse. E não aceitá-lo significa querer outro filho melhor do que ele. É claro que o processo de aceitação é demorado e tem suas fases, ou seja, há uma trajetória explicada pela expressão 'do luto à luta'.

Para terminar, permito-me uma opinião bastante pessoal: penso que a melhor opção é aceitar esse filho de verdade e traçar novos caminhos que também nos levarão à felicidade. Aceitar o autismo, mas não ser dominado por ele, ou por rótulos e mitos que ele possa trazer."

Renata definiu muito bem esse complexo momento, da expectativa à frustração. Está 100% certa.

20
Igor: Brasil e EUA

Com uma régua na mão, Igor procura um número na lista telefônica da cidade. Via nome por nome. Página por página. Poderia estar procurando o telefone de um psicólogo ou mesmo de um neurologista ou, ainda, um simples serviço de entrega de pizza. Seria uma situação comum se Igor não tivesse pouco mais de 1 ano de idade.

"Intrigava-me o interesse e a fascinação exagerada que meu filho tinha por algumas coisas, como, por exemplo, letras, números e alinhar objetos. Ele também adorava olhar e tocar as placas dos carros nos estacionamentos, colocando o dedinho e soletrando cada número e cada letra. A todo canto em que íamos, ele só prestava atenção no que via escrito e nada mais."

Igor está hoje com 18 anos. Alice, sua mãe, percebeu que algo não parecia muito "normal" no desenvolvimento dele depois dos 12 meses, quando moravam nos Estados Unidos.

"Comecei a desconfiar depois do primeiro aniversário dele. Acho que mais ou menos entre 15 a 20 meses de idade. Ele não entendia nem respondia aos nossos simples comandos, como, por exemplo: vá pegar seu sapato, apanhe seu brinquedo etc. Ele se contentava muito em ficar no berço, brincando com seus quebra-cabeças, por muito tempo. Até hoje me lembro de um dia em que cheguei ao quarto dele e me surpreendi ao vê-lo no escuro, brincando com seu quebra-cabeça, tentando colocar as peças pelo tato" – detalhou Alice, relembrando quase duas décadas atrás.

Ele gostava muito de alinhar objetos, como carrinhos, giz de cera e outros. Fazia isso por volta dos 2 anos de idade. Outra característica de Igor era ter muita dificuldade em aceitar comidas diferentes, logo depois da fase da amamentação. Isso foi um problema por quase toda sua infância, porém agora foi superado.

"Também durante os primeiros anos, tínhamos muita dificuldade em estabelecer uma rotina como a maioria dos pais com seus bebês. Ele tinha um sono muito irregular e eu não conseguia manter uma rotina precisa por mais de uma semana."

Quando ele completou 2 anos, todos foram passar um tempo no Brasil por um problema de saúde na família, foi quando matricularam Igor e seu irmão em uma escolinha, em Recife.

"Nessa época que ele foi ficando mais 'velhinho', comecei a agir. Ele continuava sem nos entender e sem falar quase nenhuma palavra a não ser suas letras e seus números. Foi aí que comecei a indagar mais com minha família sobre a possibilidade de ele ser autista. Meu marido negava qualquer hipótese e achava que era porque não tínhamos dado tanta atenção a ele por ser o segundo filho, mas eu sentia que algo era diferente nele".

Outra característica que Alice achou intrigante é que Igor dava muitas gargalhadas no berço, sozinho, explicou a mãe enquanto relembrava sua ida e vinda entre o Brasil e os Estados Unidos.

Mesmo antes de a professora de Igor, na escolinha em Recife, perguntar a Alice se o garoto tinha algum problema de audição, ela começou a levá-lo a uma psicóloga para fazer uma avaliação.

"Porém, antes que se concluísse o diagnóstico, voltamos aos Estados Unidos, onde sempre residimos e, então, tivemos de recomeçar todo o processo, o que durou mais seis meses. Por isso perdemos um pouco de tempo".

Igor foi diagnosticado com *Pervasive Developmental Disorder* (PDD), que em português significa transtorno invasivo do desenvolvimento ou transtorno global do desenvolvimento. Isso aconteceu por volta dos 2 anos e meio de idade.

"Confesso que, para mim, esse diagnóstico ajudou no processo de aceitação. Na época, isso parecia soar melhor do que 'autismo'. Acho que isso me ajudou a aceitar aos poucos. Era também como se fosse um diagnóstico provisório. Não sei agora, mas naquela época os psicólogos estadunidenses usavam muito esse termo para diagnosticar crianças na faixa de idade dele, como se estivessem dando mais tempo para ele se desenvolver".

Assim, Alice foi aos poucos aceitando cada vez mais o autismo de seu filho, o que fez grande diferença no seu tratamento.

21
Samuel: autista filho de autista

Samuel nasceu, segundo os médicos, faltando quatro ou cinco dias para completar 38 semanas de gestação, mas Vera não acredita: "Acho que talvez fosse mais prematuro, pois as orelhas e sobrancelhas não estavam totalmente formadas e era bem mais mole que os outros bebês. No carro, nos primeiros dias, parecia uma gelatina no meu colo", relembrou ela.

Com 15 dias de vida, Samuel teve uma convulsão, que foi diagnosticada na época como "baixa de sódio", pois, por ter nascido pequeno – saiu do hospital com 2,400 kg –, deveria mamar à noite também, no máximo a cada três horas. Nunca mais teve convulsões, então os pais ficaram sem uma confirmação se teria sido mesmo o sódio ou se teria algo relacionado com o autismo. Vale destacar que algumas pessoas com autismo, uma minoria, podem apresentar convulsões em alguma fase da vida.

Vera conta que, durante o desenvolvimento de Samuel, o pediatra dizia que tudo sempre estava normal. Sentou sem apoio aos 8 meses, andou com quase 1 ano e 3 meses (e o pediatra sempre frisando: tudo dentro do normal). Começou com as primeiras palavras aos 9 meses e foi aperfeiçoando-se rapidamente. Logo falava muito bem, contava números e começou a chamar a atenção das pessoas pelo português falado de forma impecável – o que já era uma característica de uma das formas mais brandas do espectro do autismo, a Síndrome de Asperger (SA).

Foi na coordenação motora que os pais perceberam que algo estava errado. "Samuel corria meio desengonçado, caía com facilidade", contou a mãe. "Procurei um ortopedista e disse que era um contorcionista nato, as juntas eram bem mais flexíveis que o normal, existe um nome para isso, mas não me lembro, mas que com 4 anos tudo se normalizaria", reviveu ela.

O despertar dos pais para "algo errado" aconteceu realmente quando ele completou 4 anos. Foi para a escolinha antes do que haviam planejado, pois já apresentava dificuldades sociais. "A professora era péssima e não se esforçou nem um pouquinho para integrá-lo. Começamos com a psicóloga para ajudar na escola, principalmente para melhorar a interação social. Procurei outro ortopedista, um neuropediatra que nos deram algumas suspeitas, mas nenhuma certeza. Começou com fisioterapia e terapia ocupacional. Descobrimos astigmatismo, de três graus em um olho e de três graus e meio no outro, e com os óculos melhorou um pouco o andar, o correr desengonçado, mas não eliminou", contou Vera.

A escola sempre foi o maior problema, pois Samuel era e é muito disperso, só presta atenção no que desperta interesse nele. "Não tínhamos o menor conhecimento sobre as várias formas de autismo, só conhecíamos os casos clássicos", contou a mãe que chegou a perguntar se não seria autismo para a primeira e para a segunda psicólogas. Ambas descartaram essa hipótese.

O diferencial nesta história é Jeferson, o pai. Ele também tem a Síndrome de Asperger (SA) e relatou, com detalhes, a caminhada de seu filho Samuel e suas próprias dificuldades como um pai com SA.

"Samuel teve o diagnóstico de Síndrome de Asperger aos 10 anos de idade, depois de muitas peregrinações a consultórios médicos e psicológicos. Hoje ele está com 12 anos.

Até então, com nossa vida pessoal e familiar em frangalhos, nós não entendíamos o que havia de errado com o nosso filho. Os diagnósticos foram: suspeita de distrofia muscular, devido à hipotonia, e certo atraso na coordenação motora. Começou com a fisioterapia aos 4 anos – e a faz até hoje. Depois veio o diagnóstico de cinco paralisias cerebrais, devido às cicatrizes que ele teria no cérebro, displasia frontal esquerda, hipotrofia e uma desarrumação na distribuição dos neurônios no cérebro – tudo isso segundo uma ressonância magnética realizada aos 4 anos de idade. Porém, mesmo depois de passarmos por muitos neurologistas, nunca desconfiaram da hipótese de SA.

Não entendíamos por que ele parecia não sentir dor na hora de tirar sangue, tomar vacina, quando se machucava etc. (esta é uma característica da Síndrome de Asperger: pouca sensibilidade à dor, ou talvez resposta inadequada à dor). Também não entendíamos por que não tinha fome e não comia quando sentávamos à mesa para comer – mas quando dávamos comida na frente da TV, com ele distraído, comia tudo, até 'exagerado' (outra característica da SA: ter atenção somente no que desperta o seu interesse). A nossa completa ignorância sobre a existência da Síndrome de Asperger, a qual meu filho leva como herança minha, que só tive conhecimento e consciência quando o neurologista nos disse que poderia ser hereditário, me fez saber somente aos 38 anos de idade que eu era um Asperger – ou um 'Aspie', como se costuma chamar também.

Samuel apresentou atraso na fala, tem uma dicção muito boa, um vocabulário muito rico desde pequeno (que sempre chamou a atenção de todos), uma memória excelente para assuntos do interesse dele (outras duas características da síndrome). O desempenho na escola sempre foi bom, graças ao acompanhamento devotado da mãe, que sempre o ajudou a colocar em ordem as matérias que deixava de fazer na escola por distração, dificuldades de concentração, de interpretação de textos e de assuntos mais abstratos (características Asperger).

A orientação que tínhamos da primeira psicóloga (que o acompanhou dos 4 aos 8 anos) é que estava tudo bem, mesmo com a nossa constante preocupação com a dispersão que era imensa na escola, realizava pouquíssimas atividades, quase não interagia com as outras crianças. Todos apontavam as dificuldades como excesso de proteção que nós dávamos – e que de fato o fizemos.

Quando estava com 8 anos, mudamos a terapia para uma psicopedagoga, que diagnosticou falta de limite, preguiça, manha e má vontade. No transcorrer da terapia tivemos alguns ganhos em relação a isso, mas as coisas cada vez mais foram piorando. Ela pressionava o Samuel para ter comportamentos adequados aos normais e ele não respondia positivamente, porque é característico dos SA não suportar nenhum tipo de pressão. Isso deixou algumas cicatrizes, que de vez em quando teimam em sangrar, até as nossas vidas se desfacelarem completamente. Interrompemos a terapia com a psicopedagoga. Fomos orientados finalmente a procurar um psiquiatra infantil e tivemos o diagnóstico – ele já estava com quase 11 anos. Hoje é acompanhado por uma terceira psicóloga.

Para mim não foi difícil entender e aceitar o diagnóstico, porque, afinal de contas, também sou SA. Compreendo perfeitamente como meu filho raciocina, entendo a maneira de ele ser, sei das dificuldades que ele encontra para se socializar com outras crianças, do quanto ele gostaria de ser normal como as outras pessoas, de chegar perto dos amigos e conversar numa boa (como se fosse a coisa mais normal do mundo, o que não é para um SA), o quanto é difícil para um SA ter vários amigos (e gostaríamos de ter, mas não sei por que não conseguimos), de sermos aceitos como nós somos, sem ressalvas. Sei do quanto ele sofre por ter consciência de que é diferente e que as pessoas percebem isso, marginalizam, fazem piadas maldosas, viramos o alvo da turma, criticam-nos fazendo julgamentos em vez de se calarem.

Outra característica que é peculiar, muito importante e fácil de ser notada nos SA, são os detalhes e rituais que fazemos questão de manter sem termos consciência disso. Nos desenhos da pré-escola, na arrumação dos brinquedos (toda e qualquer mudança por menor que seja é um problema sério para os SA), a possessiva necessidade e dependência da atenção dos pais, a sensação de incapacidade, a constante e silenciosa depressão – que não há autoestima que resista a tanta desvalorização do eu. No meu modo de entender, o único meio de detectar a Síndrome de Asperger em uma criança é observar com muita atenção esses detalhes citados. Sei que existem muitos outros, mas para mim são esses os mais fáceis e comuns em crianças abaixo de 7 anos.

Quando falo do Samuel, falo de mim, que só fui ter noção do que era sentimento aos 25 anos de idade, quando a minha vida começou a desmoronar e eu comecei a fazer terapia com psicóloga. Eu não compreendia os meus sentimentos, quanto mais os dos outros – minha esposa que o diga. E aí foram alguns anos de sofrimento e dor que poderiam ter sido evitados se ao menos nós tivéssemos alguma ideia da existência dessa síndrome. Hoje eu vivo com atenção redobrada para não cometer os mesmos erros do passado, porque os erros que foram cometidos só o tempo pode apagar (e temos de pagar por eles sem que se tenha tido intenção ou conhecimento disso).

Contudo, o Samuel, com terapia psicológica desde os 4 anos, quando tem algum problema fala dos seus sentimentos, o que para mim é motivo de alegria, porque não vive na completa ignorância como eu vivi até os 25 anos e ouço-o falar que se sentiu envergonhado, humilhado, rejeitado etc. É claro que dói, mas ao mesmo tempo me deixa muito feliz saber que ele tem compreensão dos seus sentimentos.

São muitos anos de vida sem conhecimento da SA, o que fez prolongar o sofrimento da nossa família. O que eu poderia recomendar para os pais que têm criança com suspeita de SA é que, em caso de dúvida, invistam tempo e dinheiro em uma terapeuta confiável para que abreviem esse sofrimento dos seus filhos, porque só quem conviveu com a marginalização na infância sabe o quanto isso dói."

Após o interessante relato do marido, Vera contou que não existiu luto na descoberta do diagnóstico correto, pois foi uma angústia que durou tantos anos, que, quando tiveram o diagnóstico, sentiram-se aliviados de verdade por não ser a distrofia muscular que, segundo os médicos, seria grave e haveria risco de morte e por finalmente entenderem o porquê de tantas dificuldades.

22

Michel: o sonho da Esmeralda

Esmeralda se autodefine como pessimista. "Sempre fui pessimista. Meu marido é um grande amigo, que me ajuda muito. Hoje, depois de 15 anos juntos, ele aprendeu a me entender e tenta ser o oposto de mim, para tentar equilibrar os ânimos aqui em casa", conta ela enquanto relembrava conhecer o marido desde criança, quando eram vizinhos.

Quando tiveram a Michele, que hoje tem 6 anos, foi uma tranquilidade. Ela fez tudo na hora certa. Andou, nasceram os dentes, falou, foi para a escola, nunca deu trabalho aos pais. Como sempre quiseram dois filhos, o casal planejou Michel, que nasceu quando a irmã tinha 3 anos e 2 meses. Nasceram ambos no mesmo hospital, com a mesma obstetra, o mesmo pediatra, de parto cesáreo, mas Michel teve a saúde frágil. Aos 3 meses de vida, tomou seu primeiro antibiótico, para combater uma bronquiolite. Depois disso, ele sempre ficava doente, praticamente uma vez por mês estavam em alguma emergência para algum tipo de doença respiratória. "Isso sem falar nos choros noturnos, que eram de apavorar qualquer um. E quando ligava para o pediatra, pedia para dar logo um remedinho para cólica", recordou Esmeralda.

"Aos seis meses de idade, Michel era flácido, não sentava", contou a mãe. Mas era um bebê tranquilo e todo mês, quando ia ao pediatra para consulta de rotina, a mãe sempre ouvia do médico: "Esmeralda, esse menino está muito mimado. Deixa ele em uma cadeirinha. Coloca ele mais sentadinho!".

Ela ouvia isso e pensava na diferença entre Michel e a irmã, mas ao mesmo tempo vinha em sua mente o que os médicos diziam sobre nunca comparar as crianças, para evitar essas comparações e que cada criança é uma criança. O tempo foi passando e, aos 10 meses, Michel finalmente sentava sozinho, mas não engatinhava. Não tentava ficar nem em pé no berço. Só vivia encostado nas coisas. "Aos 16 meses ele simplesmente andou. Nunca caiu", contou a mãe. Aí era hora de ouvir "Viu, Esmeralda! O menino está andando. Você é que é muito ansiosa". A fase seguinte foi a angustia pela fala que não vinha. Ele apenas balbuciava, mas nada a ponto de se fazer entender. Os meses se passavam e nada de "mamã", "papá", nem "aua". Angustiada, Esmeralda nunca era ouvida pelo pediatra, pelo contrário, era sempre recriminada por ele e pelo marido, Alex. Por conta disso, cansou-se e relaxou para esperar o ano terminar e colocar Michel em uma escolinha, conforme recomendação do pediatra.

No ano seguinte, com 2 anos e meio, Michel foi para a escola, com a finalidade de ser mais estimulado e parar de ser "preguiçoso". O resultado foi que, com menos de um mês de aula, Esmeralda foi chamada na escola e disseram que o garoto não prestava atenção em nada, não se relacionava com ninguém e dormia a maior parte do tempo, parecendo uma fuga daquele ambiente cheio de pessoas que falavam sem parar e faziam barulho o tempo todo.

Incomodada, Esmeralda levou o filho a outro médico, aliás, uma médica, uma pediatra do bairro. "A pediatra me sugeriu que fosse a uma neurologista conhecida dela. Chegando em casa, logo liguei para o consultório e quase pirei quando a secretária me disse que a espera por uma consulta era de 8 meses. Aí procurei outro neurologista, um que atendesse pelo plano de saúde. Consegui vaga para a mesma semana", descreveu a mãe, relembrando sua angústia.

Na consulta, foram Esmeralda e os dois filhos. O marido trabalhava e não pôde ir. Logo na chegada, Michel começou a fazer birra, querendo ir embora e chorando sem parar. Mas logo o médico chamou-o para a consulta. "Michel surtou. Ele morre de medo de médico, acho que de tanto ir a hospital, ficou traumatizado ao ver alguém de jaleco branco", disse a mãe.

O médico fez várias perguntas a Esmeralda: Ele roda a rodinha de carros? Ele parece ser surdo quando o chamam? Ele dorme bem? Ele fala?

Com todas as respostas indicando algo fora do normal e enquanto via o comportamento do garoto, ele despejou: "Mãe, sinto muito, mas pela experiência que eu tenho, e que não é pouca, posso te dar 99% de certeza que seu filho é autista. E essa doença não tem cura. Você poderá dar amor e tentar melhorar a qualidade de vida dele. Vou te passar um remédio que terá de tomar pelo resto da vida, para que ele durma melhor e fique mais calmo, pois ele é muito agitado e isso pode piorar quando crescer mais um pouco".

Esmeralda lembra que saiu daquela consulta "em cacos". "Nem sei como consegui chegar em casa dirigindo... Foi Deus quem me guiou, te juro! Bom, depois disso meu mundo caiu, minha vida parecia ter chegado ao fim. Perdi a vontade de falar com as pessoas, de sair, de fazer amor, de sorrir... Só pensava: 'Por que comigo? O que eu fiz pra merecer isso, Deus?'. Não saía da internet, não comia, não tomava banho, não atendia o telefone. Só ficava lendo sobre autismo", relembrou Esmeralda.

Em seguida, a família colocou Michel para fazer terapia com uma psicopedagoga, que, aliás, foi quem ajudou Esmeralda a sair do "fundo do poço". "Uma pessoa que jamais me esquecerei, pois ela dizia para eu não rotular meu filho que ele ia falar, que ia se adaptar e que eu não podia ficar parada. Que eu tinha que agir. E foi o que eu fiz a partir desse momento", lembrou ela com entusiasmo.

Na internet, Esmeralda encontrou uma médica que explicou cada detalhe, com a maior paciência do mundo, elogiou o Michel e disse a ela que se ele realmente fosse autista, teria um grau leve da doença. A médica falou da dieta – sem glúten e sem caseína –, da medicação e dos estímulos que poderiam fazer a diferença na vida do garoto. A mãe encheu-se de gás, renovada, cheia de ideias, cheia de esperança e, na semana seguinte, Michel já estava fazendo uso da medicação prescrita, da dieta, foi para a natação, para a fonoaudióloga, equoterapia e para a psicopedagoga. Em dois meses, Michel começou a reagir, saindo daquele mundinho fechado no qual ele vivia. Começou a soltar a língua, como Esmeralda mesmo diz, "mesmo que sem palavras completas", começou a compreender algumas coisas, a gostar da alimentação, a interagir melhor na escola, enfim, foi uma revolução na vida dessa família afetada pelo autismo. Michel até parou de ficar doente depois disso e a fazer menos cocô, já que antes fazia cerca de 10 a 12 vezes ao dia – isso mesmo, 10 a 12 vezes ao dia. Ele passou a dormir a noite toda sem chorar e a cada dia ele aparecia com uma novidade melhor que a outra.

Porém, recentemente, Michel pegou um resfriado e muita tosse, o que fez o pediatra prescrever nebulização com Berotec e Atrovent, xarope de Fluimucil e Desalex. Depois disso, o garoto mudou o comportamento de tal forma que nem parece mais o mesmo. Confusa, Esmeralda supõe, mas não tem certeza de que há uma relação direta entre essa medicação e a alteração no comportamento de Michel. "Uma coisa impressionante! Daí em diante começaram os problemas em relação à escola, na equoterapia chega chorando, na natação fica 15 minutos e já quer sair. É desse jeito que estou vivendo, cheia de dúvidas, angústias e tristezas. Sei que vai passar, tenho fé nisso, mas enquanto não passa, morro um pouco todos os dias. Essa é a minha sensação. O peso do negativo é tão grande em mim que acabo me esquecendo dos avanços, sabe? Esqueço-me de que ele aprendeu a fazer xixi e cocô no penico, na escola já faz no vaso infantil, já pede o suco 'co', o biscoito 'coito', o 'papá', mostra a lua 'úa', a estrela 'teia', atende ao nosso pedido para apagar a luz, para acender, para deitar na cama, sentar na poltrona, dá o pé, a mão, a barriga, o bumbum e outras coisas... Isso é evolução, pois faz isso tudo há aproximadamente seis meses. Seria eu exigente de mais? Ou seria a escola?", questiona-se Esmeralda, que revela um sonho: "Sonho com Michel conversando comigo, escrevendo, lendo, brincando com as crianças de se esconder, jogar bola... Aff... Seria pedir demais?".

23

Otávio e Olívia: gêmeos

Otávio nasceu de parto cesáreo, junto com sua irmã gêmea, Olívia. E, desde esse momento, a mãe, Lara, sabia que havia algo de errado com o menino. Com baixo peso, ele teve de ficar internado: "Após vê-lo e ficarmos 12 dias internados para seu tratamento com antibióticos, fui percebendo que existiam muitas dificuldades para lidar com ele", contou a mãe, que lembra a icterícia que Otávio teve para adiar ainda mais sua alta do hospital.

A gravidez já havia dado sinais de que não seria fácil. Lara sofreu de hipertensão (e teve de ser medicada), usou também medicação para controle da tireoide, teve perda de líquido (que ficou reduzido) e gestação prematura.

Após vencer todas essas batalhas, Otávio foi para casa depois da alta. Desde que chegou, Lara notou que ele era irrequieto e não sabia ao certo o que queria. "Quando tentava dar de mamar ele chorava, quando tirava do peito ele também chorava. Teve um dia que chorou a noite toda, sem falar do refluxo que me assustava, pois era só terminar que ia tudo para fora. Sofremos muito, mas tudo para mim foi muito prazeroso, tanto que deixei de trabalhar e estou há 4 anos com eles, sem ninguém para ajudar, imagina!", contou Lara, com disposição.

O choro ao mamar era devido a um problema de sucção que o impedia conseguir mamar adequadamente. Os gêmeos se desenvolveram e Otávio chegou a superar a irmã em peso e tamanho, fazendo uso de remédios para anemia e suplemento alimentar. Mas ele tinha retardo mental e era motivo de maior preocupação para Lara.

Otávio apresentava algumas características que deixavam Lara com a suspeita de que algo poderia estar errado no desenvolvimento de seu filho. Ele começou a engatinhar mais tarde que a média, preferia ficar no berço a ir para o colo, assustava-se muito com pessoas diferentes, chorava demais e à toa, não suportava barulho de aparelhos eletrônicos e sempre foi mais sensível no tato, a ponto de ir à praia e não suportar colocar os pés na areia, nem ouvir o barulho das ondas. "Desde que chegava até ir embora era só choro e não conseguíamos compreender o porquê, além de ele ter um gênio muito forte", detalhou Lara.

Quando o casal de filhos completou seu primeiro ano, a mãe via problemas com Otávio que foram, segundo ela, a gota d'água. O garoto não aceitava mais sair com a família e as coisas que antes lhe davam prazer tornaram-se algo insuportável. "Desde praia a shoppings, não adiantava levá-lo para lugar nenhum. Nem os amigos que se aproximavam ele permitia", relembrou a mãe, que continuou: "Procurei uma terapeuta que me ajudou e orientou, mas por termos de sair do estado deixei de lado. Atualmente moro no estado da Paraíba. E foi aqui que duas pessoas da família disseram taxativamente que ele era autista", narrou ela.

Algumas diferenças importantes foram notadas por Lara. Aumentou o isolamento de Otávio, que interagia cada vez menos com as pessoas, não olhava nos olhos, chorava ao entrar em outros ambientes (indo de um cômodo para outro, por exemplo), estava muito resistente a mudanças, tinha mania de ficar com objetos nas mãos desde que acordava até a hora de dormir, além de resistir à alimentação diferente, principalmente a sólidos. Com esses sinais, a mãe resolveu investigar sua suspeita.

Em uma semana, Lara o levou ao Hospital Universitário, onde foram realizadas avaliações, mas nenhum diagnóstico fechado. Ela chegou a ouvir uma velha tese, já comprovadamente refutada, de que a culpa era dela, a antiga história da "mãe geladeira", que seria a "causadora" do autismo do filho por sua frieza no relacionamento com o bebê. Absurdos ditos por profissionais desatualizados... Então ela procurou uma equipe multidisciplinar e fizeram várias avaliações. O diagnóstico foi dado: características de autismo e retardo mental.

"Nunca me senti mal, amo demais meu filho. Sentimento ruim foi uma coisa que não me veio à cabeça, creio na cura para tudo. Fui atrás das respostas para curar meu filho. Hoje sei que ele não tem mais nenhuma característica de autista. Ontem estivemos mais uma vez na neuro e ela me parabenizou pelo avanço e desenvolvimento do meu filho e disse que preciso permanecer trabalhando com ele pelo menos até os 6 anos, pois pode haver regressão. É para isso que luto! Sinto hoje que há vitória em nossas vidas e que meu filho é mais sociável que uma criança normal. Ele ama estar com as crianças e brincar, se depender dele não volta para casa. Fica onde as crianças estão. Sei que por causa do retardo existe o atraso, o que o torna imaturo para sua idade, mas continuo em busca de soluções para melhor trabalhar essas dificuldades", desabafa a mãe com otimismo e vontade de vencer.

24

Menos luto e mais luta

Tão importante quanto diagnosticar ou simplesmente suspeitar precocemente é agir rápido. Logo após ter dito que não me importava com o nome do que meu filho tinha, naquela primeira consulta, a do liquidificador, me prontifiquei: o que podemos fazer para ajudá-lo?

Ainda que não saíssemos daquele consultório com um diagnóstico fechado, nem mesmo se meu filho tinha algum tipo de TID, eu e minha esposa tínhamos a consciência de que teríamos de começar um tratamento nele o quanto antes. Se não fosse isso, tudo bem, mal não faríamos com um tratamento psicológico e fonoaudiológico.

Entendo que possa, e até mesmo deva, haver um período de luto, de negação, um tempo "sem chão". Esse tempo vai variar de pessoa para pessoa. Cada um encara o problema de uma forma. É importante respeitar esse momento. Se tiver vontade de chorar, chore. Esse é o momento. Se quiser questionar a existência de Deus ou o porquê isso está acontecendo "justo com você". Questione. Desabafe. Ponha para fora. Grite. Extravase. Permita-se ter esse momento.

Porém, ainda mais essencial é partir para a luta, não perder mais tempo, mas isso não é possível sem a aceitação. Talvez essa seja uma das palavras-chave para o enfrentamento do autismo.

É preciso aceitar sua criança com autismo. Aceitar o autismo nela. Enxergar além do autismo. Tenho certeza de que, assim como meu filho, sua criança tem outras características e o autismo é apenas uma delas. Meu filho, por exemplo, tem um imenso equilíbrio, agilidade ao correr, enfim, diversas características. O autismo é apenas mais uma.

Aceitar é amar seu filho, mesmo imaginando que ele fique no estágio que está ou até mesmo regrida até o fim da vida. Amar incondicionalmente.

Esse amor é um facilitador muito grande no caminho da aceitação.

Da mesma forma, não é possível enfrentar o autismo do seu filho se você não o reconhecer que exista, que está lá. Como combater o que não existe (ou o que não se admite existir)?

Aceitar não é um processo rápido, imediato. Demanda tempo, amadurecimento, reflexão e muita conscientização. Várias fichas precisam cair até que você esteja, realmente, aceitando a situação toda com naturalidade.

Algo que me ajudou muito nesse processo foi não criar expectativas, parar de pensar no amanhã. Não me canso de dizer à minha esposa quando me pergunta algo futuro, ainda que seja uma expectativa em relação ao nosso filho para daqui a um mês: "Vamos viver o hoje, agora. O amanhã fica para amanhã".

É muito inteligente aprender com o passado e sonhar com o futuro, mas viver é para hoje. Há uma frase atribuída ao atual Dalai Lama – líder religioso do budismo tibetano –, Tenzin Gyatson, que diz: "Só existem dois dias do ano em que nada pode ser feito. Um se chama ontem e outro se chama amanhã" e isso resume bem essa ideia.

Criar expectativas e ficar projetando o futuro, fazendo exercício de "será que...", ou "imagine quando...", isso não auxiliará sua criança, pelo contrário, o fará perder tempo e criará a possibilidade de frustração futura.

Em vez disso, trace pequenas metas, alcançáveis e vá renovando-as, ampliando-as, estendendo-as conforme seu filho for evoluindo, assim você não coloca sobre ele uma carga mais pesada do que possa carregar. Tenha certeza de que dessa forma será mais fácil para todos vocês.

Enfrentar o autismo não é uma situação fácil, mas nada que um pouco de coragem e determinação não resolva. O amor incondicional pela sua criança lhe ajudará nessa conquista. Amar sem medida é um ótimo combustível para se abastecer, a todo o momento, durante essa batalha. E quando falo em amor sem medida, incondicional, refiro-me a amar do jeito que sua criança é e está. Amar como se não houvesse amanhã. O amor tem um grande poder de transformação e ele pode ser sua mais poderosa arma.

Tenha seu luto, mas vá à luta.

QR-Code – Publicação e documentários a respeito de autismo
http://LivroAutismo06.PaivaJunior.com.br

25
Opções e mais opções

Caso você esteja com a suspeita confirmada de que sua criança pode estar no espectro do autismo, acalme-se, pois há muitas opções de tratamento.

É muito importante procurar o máximo de informação, sempre saber os objetivos de cada terapia e o que o profissional espera alcançar com ela. Mais importante ainda é ter a quem recorrer para orientar-lhe, e que seja alguém com experiência com autismo, com conhecimento e prática.

É uma difícil tarefa – principalmente se você é pai ou mãe – decidir sobre qual linha optar, qual tratamento seguir, pois há atualmente várias opções disponíveis e uma mais variada que a outra.

Em uma rápida pesquisa você se deparará com várias siglas e nomes que jamais viu, como ABA, PECS, Son-Rise, TEACCH, Floortime, enfim, se for mencionar todos, seria um capítulo só de citações. Muitos complementares, outros incompatíveis entre si, enfim, todos diferentes, mas cada um com sua justificativa e coerência (ou não).

Há dietas alimentares, como a famosa abstinência total de glúten e caseína, abordagens fonoaudiológicas, de terapia ocupacional, método Padovan, terapias com animais, como a equoterapia, assim como há natação, musicoterapia, integração sensorial, além de desintoxicações ou quelações, tratamentos químicos, bioquímicos, biomédicos, homeopáticos, equipamentos mirabolantes, enfim não é exagero dizer que é "um mar" de opções.

Penso que um bom neurologista e um bom psicólogo deverão ser os recomendados para lhe orientar nessa infinidade de opções, muitas ainda não comprovadas pela ciência, mas com a certeza de que cada família busca o melhor para seu filho. E cada um tem a liberdade de crer (e tentar) o que mais lhe convier.

Quando for tentar algo novo para o tratamento, procure conversar com alguém que tenha se submetido a essa intervenção, busque saber os resultados obtidos, o que mais foi adotado no tratamento, discutir antes com o profissional sobre o que se espera, quais objetivos e quais os prazos esperados para haver algum resultado concreto, mas é muito importante – talvez mais que saber sobre qualquer dessas opções – manter-se consciente de que cada criança é uma criança, cada indivíduo, um indivíduo. Diferente. Único. O espectro do autismo é muito extenso e abrange níveis muito diferentes, com comprometimentos diferentes, possivelmente até com causas diferentes. Além de que cada um reage de uma maneira diferente a cada tipo e tempo de intervenção.

Portanto, não há uma "receita de bolo", uma fórmula. Será preciso buscar o melhor tratamento para sua criança, somente para ela. Essa não será uma tarefa fácil, pois exige periódicas reavaliações do caminho que se está seguindo para que se tenha uma espécie de "controle de qualidade" do tratamento. A ajuda profissional é insubstituível, mas a decisão e a responsabilidade dos caminhos escolhidos são dos pais. Até porque quem colherá mais de perto esses frutos também seremos nós, pais.

Capítulo 25,5

Não é o objetivo deste livro falar sobre o tratamento, ou direcionar você para que faça esta ou aquela terapia, até porque eu não teria autoridade (nem capacidade) para tal, faço questão de repetir isso.

Não entro nesse mérito também por haver inúmeras opções, de linhas até mesmo opostas, muita coisa experimental, outras comprovadas há muitos anos, novas e antigas, conservadoras e alternativas, aceitas e não aceitas pela medicina clássica atual. Quase dá para dizer que "tem para todos os gostos".

Porém, há algumas coisas que posso dizer sobre o tratamento de acordo com minha recente e minúscula experiência. Se for útil e você puder aproveitar, muito bem! Se não, leia como um relato apenas.

Penso que o ideal é não tentar nada que ofereça risco para a criança. Ou melhor, que ofereça o menor risco possível. Para mim essa foi uma questão importante ao longo dessa caminhada.

Começou no diagnóstico. Ao ser recomendado por uma neuropediatra para que fizesse no meu filho um exame de ressonância magnética e soube que, para isso, ele precisaria tomar anestesia geral, titubeei.

Não fiz o exame e ao perguntar ao dr. Schwartzman se precisaria do exame ele foi enfático: "Não. Só se você quiser fazer pesquisa com seu filho, pois hoje não dá para detectar autismo com um exame desses e nenhum outro ainda". Ou seja, eu estava certo em não passar pelo risco de uma anestesia geral.

Esse foi só um exemplo que serve para o caso do meu filho, que não apresentava nenhuma outra característica ou suspeita de outro problema que exigisse um exame por imagem. Pode não ser o seu caso.

O que avaliei naquele momento foi o risco em função do benefício. Fazer o exame ajudaria em quê? Naquele caso em nada, até porque o comum é que o exame desse completamente normal, visto que o autismo não ia "aparecer" na ressonância. Apenas ia me certificar que meu filho não teria nenhum outro problema além do autismo. A experiência do dr. Schwartzman garantiu que meu filho naquele momento apresentava um quadro de Transtorno Global do Desenvolvimento que deveria se confirmar o autismo mais para frente, até porque naquela primeira consulta ele estava somente com um ano e onze meses ainda.

Do mesmo jeito, ao decorrer do tratamento, sempre avaliamos o risco. Se era um tratamento que exigia algo invasivo demais ou que apresentava riscos de efeitos colaterais sérios, nem tentávamos. Mas isso deve ser avaliado de acordo com questões muito pessoais, por isso nem ouso contar qualquer exemplo de tratamento. Ficarei apenas no exemplo do diagnóstico.

O que disse também sobre ter sido o caso do meu filho é muito importante. Aquela velha máxima médica de que "cada caso é um caso" tem de ser levada ao extremo no caso de autismo. O espectro do autismo é tão grande e tão complexo que mesmo em pessoas com sintomas muito semelhantes o que pode ser muito benéfico para um pode até mesmo atrapalhar ou não resultar em nada em outro.

Cada caso é realmente um caso diferente. Portanto, cada tratamento deve ser personalizado, servirá somente àquela criança, o que torna as decisões do que fazer e o que não fazer entre as diversas opções de intervenções ainda mais difícil. Uma difícil missão para os pais.

Outra experiência importante é a de não ficar "pulando de galho em galho". Não ficar começando uma linha e parando, indo para outra completamente diferente e incompatível.

O tratamento escolhido deve fazer sentido para você. Deve ter nexo. É muito difícil optar por algo que você pensa que não vai trazer resultados. Em uma decisão a dois, dos pais, a missão fica ainda mais complexa, pois o que pode fazer sentido para um, pode não fazer para outro. Aí vai valer a conversa e alguém deve ceder, como acontece em qualquer decisão a dois. Argumentar e buscar explicações bem embasadas e com referências ajuda muito nessa situação.

Entender o tratamento ou intervenção é outro ponto crucial. É de extrema necessidade que você compreenda, ainda que superficialmente (lógico que você não precisa virar um especialista), a lógica daquela intervenção. O que faz? Por que faz? E como faz? Isso lhe ajudará não só a perceber se está sendo coerente todo o restante do tratamento, como também para que você saiba se (e quando) pode contribuir para essa intervenção em casa, na escola ou mesmo se deve intervir em algo.

Compreender completamente o tratamento pelo qual sua criança está ou estará sendo submetida é essencial e não vai atrapalhar em nada.

Repito que você não precisa tornar-se um especialista em nenhuma intervenção, mas deve ser o especialista em seu filho, em saber suas limitações, dificuldades e quais habilidades já tem. Isso sim ajudará os profissionais e facilitará o caminho do tratamento.

Faça a diferença

Aí entrou em uma questão também que pode mudar o rumo das coisas: você estar comprometido e completamente envolvido no tratamento de seu filho.

Por mais que os profissionais ajudem sua criança, por mais que a escola contribua, por mais que os médicos, terapias (e até medicamentos em alguns casos) façam seu filho melhorar, evoluir, adquirir e desenvolver habilidades, capacidades, você deve ser a pessoa número um nesse tratamento. Se precisar abrir mão de algo, avalie, pois uma das pessoas que mais podem mudar o rumo das coisas nesta situação é você pai, é você mãe.

Não entenda que você deve fazer terapia em casa ou "tomar" o lugar do profissional. Não. Cada um tem seu papel. E o papel do pai e da mãe, em casa, no convívio da família, no dia a dia, é de irrefutável importância. É fácil? Logicamente, não. Muito mais cômodo é dizer "Não sei nada sobre autismo, não posso fazer nada" e "delegar" essa função aos profissionais. Porém, assim como você deve acreditar no potencial de seu filho, como já disse anteriormente, você também deve acreditar no seu potencial.

Buscamos conhecimento, buscamos entender mais sobre autismo, sobre as terapias e, principalmente, entender mais sobre o Giovani. Nos tornamos especialistas em nosso Giovani, verdadeiros "giovaniologistas" – eu, "doutor"; minha esposa, "PhD".

Minha esposa não tinha nenhum dom ou habilidade na área de educação, ela é relações públicas de formação, uma área da Comunicação Social. Porém, ela assumiu o papel de contribuir para o desenvolvimento de nosso filho que precisava de um auxílio extra por conta do autismo e fez a diferença na vida dele, ensinou-lhe muitas coisas, adaptou material didático da escola, criou jogos e brincadeiras para ensinar conceitos importantes (e necessários para a iniciante vida escolar dele) e desenvolver habilidades. Fora isso, mudamos hábitos em casa, mudamos formas de agir, mudamos formas de pensar, mudamos formas de enxergar situações, mudamos valores, mudamos muitas coisas. Mudamos.

E essas mudanças mudaram a vida de nosso filho. Essas mudanças mudaram o caminho que ele percorreria. Em uma outra consulta, mais à frente, o dr. Schwartzman chegou a dizer que não teríamos como saber se nosso filho era um autista clássico naquela primeira consulta, pois as intervenções e nossas ações mudaram o rumo dessa história.

Faça você a diferença na vida de seu filho também!

QR-Code – Definição de autismo na Wikipédia
http://LivroAutismo07.PaivaJunior.com.br

26

Tenha fé, acredite

Se você não acreditar que sua criança irá melhorar, evoluir, desenvolver-se, quem crerá?

A fé é outra poderosa arma. Você precisa antes de tudo convencer-se de que trilhará um caminho ao lado de seu filho – com ou sem ajuda de outras pessoas – que os levará para um estado melhor que o atual. Qualquer que seja o caminho terapêutico que se opte, primeiro você tem de acreditar.

Se tiver uma crença, filosofia de vida, religião, doutrina, não importa o quê, é hora de o espírito ou a mente (ou a alma, ou tudo isso – siga seu modo de pensar) contribuir neste momento para que a situação fique mais simples (ou menos complexa) de ser vencida. Não deixe de fazer sua prece, oração, reza, energizar-se, pensar positivo, iluminar-se, não importa o termo também, mas o faça. Invoque a presença de Deus, Javé, Jeová, Yahweh, Jesus, Alá, Aquele que É, Espírito Santo, Mãe Natureza, Força Suprema, Grande Arquiteto do Universo, o impronunciável tetragrama YHVH, Adonai, Ehyeh, um santo, Zeus, Brahma, o Ser Supremo, o próprio Universo, enfim, seja lá o nome que se dê à maior Divindade que você creia. Evoque-O, invoque-O, convoque-O, provoque-O!

Costumo dizer que somente ação ou somente oração (ou o termo que preferir) não são 100% eficazes. Se usar apenas um remo, sua canoa ficará girando em torno de si. Para ir em frente, é preciso sempre usar os dois remos, o da ação e o da oração. Nem só um nem só o outro.

Estar bem espiritualmente ajuda muito a estar bem mentalmente e isso é, sem dúvida, essencial para essa caminhada rumo ao desconhecido mundo do autismo, ou como é mais formalmente conhecido, o Transtorno do Espectro do Autismo (TEA) – tradução do termo inglês *Autistic Spectrum Disorder* (ASD).

Não se esqueça de que suas ações sempre seguem suas crenças. Você nunca conseguirá fazer o que não crê que seja possível. A força da convicção, da fé, é muito bem expressada na célebre frase do poeta francês Jean Cocteau (1889-1963): "Não sabendo que era impossível, foi lá e fez".

Otimismo não atrapalha. Lógico que tudo em exagero atrapalha. Mas com bom senso, uma boa dose de otimismo apoiada pelos seus "pés no chão" será combustível para sua caminhada. Portanto, é importante aceitar, mas não se conformar. São coisas diferentes! Aceitar vem de reconhecer a existência, ser realista, abraçar a causa, apaixonar-se pelo hoje independentemente do resultado do amanhã, ser feliz agora, desse jeito. Conformar-se é ter o autismo como uma sentença definitiva, de que estacionará, sem qualquer evolução, sem melhoras, estática e passivamente. Isso é você quem escolhe para sua vida. Você opta em conformar-se ou não. Sua criança colhe com você os frutos dessa decisão.

Tenho a certeza de que está preparada uma história maravilhosa para minha vida. Quanto maior a dificuldade, maior o milagre. Sim, também exige mais de nós, exige mais fé e perseverança, mas a recompensa sempre compensa. Penso que acreditar em um futuro melhor me move sempre para a frente e para o alto. Vivo o hoje, o dia, o presente. Tento não traçar perspectivas para o futuro. Quando me pego pensando no amanhã, digo a mim mesmo "viva o hoje intensamente". Seja feliz hoje. Seja feliz na atual situação. Seja feliz com sua vida. Nunca sabemos se teremos tempo de viver o amanhã, o planejado, o sonhado. É mais seguro – e mais inteligente – não deixar para ser feliz no futuro. Pensando mais friamente, menos expectativas implicam menos frustrações. Não projete nada muito lá na frente. Projete sua vitória (ou suas vitórias), mas deixe o sabor para o momento de vivê-la. Eu creio nisso.

Creia também, você pode!

E crer não é ficar esperando cair do céu – é preciso agir. Muito menos não estar preparado para o milagre, ou os milagres, sejam eles do tamanho que forem (e deverão ser do tamanho de sua fé).

Se tiver que pedir algo, tiver que sonhar com algo, sei que a cura do autismo pode ser a primeira coisa que possa vir em sua mente. Mas penso que seja mais inteligente pedir algo simples, mas tão almejado por toda a humanidade e bem mais importante que curar o autismo: ser feliz.

Que você, sua família e seu bebê (tenha ele a idade que tiver, 1 ou 101 anos) sejam muito felizes. E que sejam felizes hoje. Não espere, não aguarde, não condicione a felicidade a esta ou àquela conquista, sua ou de sua criança.

Sê feliz já!

Uma vez vi num filme que, em uma época de seca, dois agricultores fizeram suas orações para que chovesse. Mas apenas um deles preparou e arou a terra. Qual teve realmente fé? Qual creu de verdade? Qual confiou?

Qual dos dois é você?

QR-Code – Videoclipe a respeito de autismo, música "Até o Fim" (Fantine Tho)
http://ClipeAutismo.PaivaJunior.com.br

Posfácio

Em complemento a todas as informações deste livro, disponibilizo também um material virtual extra. Acesse o *site* autismo.paivajunior.com.br com dados complementares e atualizados sobre os assuntos aqui abordados.

A ideia é colocar à sua disposição mais material sobre o assunto, inclusive textos e informações atualizados para que você possa aprofundar-se mais e saber o que temos de informação recente.

Outra boa fonte de informação é a **Revista Autismo** (www.RevistaAutismo.com.br).

QR-Code

O código que você vê acima é um QR-Code, um código de barras 2D (bidimensional), uma espécie de selo integrador de mídias, para ligar você a um material extra, virtual, em uma outra mídia – neste caso, on-line, a internet. Para decifrar esses códigos, instale um programa em seu celular com câmera fotográfica e acesse esse material extra. QR-Code vem do inglês *quick response code* (código de resposta rápida, em uma tradução livre) e foi criado pela empresa japonesa Denso Wave para ser uma evolução dos códigos de barras convencionais, em 1994.

Se quiser saber mais sobre QR-Code acesse na internet o endereço qrcode.paivajunior.com.br e saiba como instalar em seu celular um programa que faz essa leitura.

A ideia de usar esse tipo de código veio da necessidade de dar uma opção a mais além de se digitar simplesmente o endereço de um site para oferecer informação extra. Muitas pessoas podem ler livros com celulares ou outros dispositivos móveis (com acesso à internet) próximos e poderão instantaneamente serem remetidos ao complemento no instante que estão lendo determinado capítulo e "pairar" um pouco mais sobre aquele assunto. O com QR-Code isso é possível, sem precisar digitar extensos endereços da web em minúsculos – e muitas vezes desajeitados – teclados. Basta apontar a câmera para o código e acessá-lo. Simples assim.

QR-Code – Informações sobre QR Code
http://qrcode.PaivaJunior.com.br

RENOVAGRAF.
contato@renovagraf.com.br
Fone:(11) 2667-6086